尽 善 尽 弗 求 弗

你只是假装在陪孩子

［英］
安妮塔·克莱尔
(Anita Cleare)
著

徐颖
译

THE WORK/PARENT SWITCH

How to Parent Smarter
Not Harder

电子工业出版社.
Publishing House of Electronics Industry
北京 · BEIJING

THE WORK / PARENT SWITCH: HOW TO PARENT SMARTER NOT HARDER
by Anita Cleare
Copyright © Anita Cleare, 2020
This edition arranged with Johnson & Alcock Ltd through Andrew Nurnberg
Associates International Limited.
本书简体中文版专有出版权通过 Andrew Nurnberg Associates International Limited
代理，由 Johnson & Alcock Ltd 正式授权给电子工业出版社出版，未经许可，不
得以任何方式复制或抄袭本书的任何部分。

版权贸易合同登记号 图字：01-2020-5212

图书在版编目（CIP）数据

你只是假装在陪孩子 /（英）安妮塔・克莱尔（Anita Cleare）著；徐颖译 .
—北京：电子工业出版社，2021.8
书名原文：THE WORK/PARENT SWITCH: HOW TO PARENT SMARTER NOT
HARDER
ISBN 978-7-121-41457-2

Ⅰ . ①你… Ⅱ . ①安… ②徐… Ⅲ . ①家庭教育—文集 Ⅳ . ① G78-53

中国版本图书馆 CIP 数据核字（2021）第 124728 号

责任编辑：王小聪
印　　刷：三河市鑫金马印装有限公司
装　　订：三河市鑫金马印装有限公司
出版发行：电子工业出版社
　　　　　北京市海淀区万寿路 173 信箱　　邮编 100036
开　　本：720×1000　1/16　　印张：14.5　　字数：193 千字
版　　次：2021 年 8 月第 1 版
印　　次：2021 年 8 月第 1 次印刷
定　　价：49.80 元

凡所购买电子工业出版社图书有缺损问题，请向购买书店调换。若书店售缺，
请与本社发行部联系，联系及邮购电话：（010）88254888，88258888。
质量投诉请发邮件至 zlts@phei.com.cn，盗版侵权举报请发邮件至 dbqq@
phei.com.cn。
本书咨询联系方式：（010）57565890，meidipub@phei.com.cn。

献给无处不在的"超人"们

家庭生活如何实现"亲子双赢"

　　绝大多数一边在职场打拼、一边养儿育女的人们都会感到疲于奔命却又停滞不前。我们真的想做个好爸爸 / 好妈妈，立志要"正确"地教养孩子，然而，一个人的时间、精力和耐心十分有限，要做的事情却实在太多。没有人在辛苦工作一天之后还能精神抖擞，然而为人父母的重任却在家里"等着"我们。

　　现代的家庭生活在过去 20 年里发生了翻天覆地的变化。在今天的英国，大多数人有了宝宝后仍在上班，而且工作时间普遍比过去更长，上下班的路程也更远，每天累到筋疲力尽。职场父母的工作日通常安排得满满当当，各种事务接踵而至，令人不得喘息。人们在职场与家庭之间努力维持着平衡，但这种堪称精妙的平衡却经不起出现丝毫的意外——一旦孩子拒绝合作或来个情绪大爆发，事情就全乱了套。每天我们忙完工作马不停蹄地回到家中，就得抓起另一张没完没了的时间表，驱赶着孩子们完成儿童俱乐部的活动、家庭作业，吃晚餐、洗澡……与此同时，我们又深怀歉疚，因为心知肚明，孩子们只想得到爸爸妈妈的关心（而我们却盼望着他们能按时完成任务，然后乖乖上床睡觉）。

　　与以前相比，现代社会的父母不仅工作更加辛苦，育儿任务也更为繁重，而我们的时间毕竟有限，所以不得不舍弃一些东西。于是，许多职场父母唯有将自己的身心健康置之度外。现在绝大多数家庭在安排活动（宠物农场、主题公园、生日聚会、儿童体育活动）时都是围着孩子转的，极少考虑大人的休息和放松时间。在我小的时候，每个星期日爸爸都会开车带我去板球场，把我放在那儿让我摆弄幻灯片、荡秋千或者在一片草地上随便玩耍，爸爸则专心当他的板球队队长——虽然只是替补球队。而如今，大人们却把周末时间全都花在了陪孩子运动上。

　　即便如此，我们这些父母仍会因没空陪伴孩子而心怀愧疚，恨不得抓住每个机会多表达一点父爱、母爱。因此，我们便慷慨解囊购买那些声称有利于儿童成长发育的玩具和各种玩意儿，把工作之外的所有时间都用来陪孩子参加音乐、体育和教学活动，好让他们“赢在起跑线上”。我们想给孩子最好的一切，于是我们努力为他们开辟出一条通往幸福大道的最佳捷径，并且不辞辛劳地为他们扫清人生道路上的障碍，免得他们遭遇烦恼和挫折。我们只愿孩子生活自在、工作出色，永远不会孤单、难过或不安。为了能让孩子住更好的房子、上更好的学校，为了付得起儿童俱乐部和体育运动的费用（以便在“有空”时带孩子们去参加），我们甘愿加班加点或忍受远距离通勤之苦。总而言之，我们总是充满了愧疚感，生怕自己做得不够，于是我们不遗余力，越做越多。

　　即便如此，我们对于“做得不够”的担忧依然挥之不去。作为职场父母，我们大多会尽力去做，但糟糕的是，很多人始终挣扎在连续不断的挫败感中——父母不遗余力，孩子却毫不领情。这是因为，父母虽然把孩子看得越来越重，但却越来越不理解他们。这确实有点讽刺。孩子们越来越难以得到真正有益于他们成长的东西，比如户外自由玩耍、冒险游戏、亲子对话，以及始终保持一致性的边界。我们愧疚感过多，精力却太少，因而缺乏足够的耐心去理解孩子们的思想和情感，也没有什么心思去研究如何激励孩子或积极管理其行为。我们什么都想做好，结果却是累到崩溃也无力在育儿问题上做出良好的决策。要是我们"负隅顽抗"，就会感觉自己在无休止地扮演大坏蛋。遗憾的是，需要决策的事情实在太多了，而且每一件都让人觉得至关重要。

这本书的内容，正是要教我们如何改变游戏规则，如何删繁就简，以少胜多。书中描述了一种全新的、对孩子和父母都有益的育儿方式，它将帮助我们打造自身的幸福快乐，教我们呵护自己的身心健康，不再因力不从心而陷入几乎崩溃的困境。这本书会帮我们理解孩子们的所思所想、理解他们对父母的真实期待，让我们成为更"聪明"的父母。

如果你是一位即将重返职场的妈妈，正在为"亲子时间少了怎么办"而寻求相关建议；如果你是一位"压力山大"的爸爸，不想日复一日地在清晨靠怒吼才能把孩子们弄出家门；如果你一周只有几小时能和孩子在一起，并且正困扰于如何维系亲情；如果你烦透了每天都忙得不可开交，却还要拼命在有限的时间里塞更多的工作和育儿事务的日子……那么请你一定要读读这本书。

本书归纳了成为幸福快乐的职场父母必备的三大基本要素：

一是依据发展心理学理论描绘的清晰图景。它会告诉我们，孩子们真正需要的是什么，如何激励他们行动，如何促进他们成长发育。

二是切实有用的工具和经过亲自实践的亲子教育方案。它们都是我在现实生活中经由提供家庭亲子咨询服务而获得的经验。

三是可付诸实践的蓝图。它将在积极心理学关于如何创造幸福的理论基础上，引导我们呵护自己的身心健康。

在这本书里，我总结了所有我亲自验证过的实用策略。与我合作过的许多职场父母正是采用这些策略才大幅度提高了生活质量。我写这本书的最大愿望，就是帮助职场父母创造幸福快乐的家庭生活，并且我重点关注的是那些微小而可行的改变，以及如何利用琐碎时间营造幸福快乐、令人神往的家庭氛围。我的目标是让所有在职场辛苦打拼的父母都有能力建设幸福的家庭生活：少有冲突而十分温馨的家庭氛围，既有益于孩子的成长发育，也让大人身心愉快。在这样的家庭里，父母和孩子的需求均能得到满足，父母精神焕发，孩子茁壮成长。

积极心理学的主要内容是教会我们理解生命的意义和价值，从而充分享受生命。积极心理学着重研究积极的体验、状态和特征，并探索如何在生活中将之发扬光大，促进人们的身心健康。这听起来挺简单，对吧？然而，一旦涉及亲子领域，积极心理学就会变得有点复杂，因为维护亲子关系并不仅仅是让孩子"感觉良好"，父母还有一项重任，那就是教育孩子，把人生成长和成功所需的技能传授给他们，而这不可避免地会涉及"如何设定边界""孩子犯错时父母如何反应"等类似的问题。

当我们自身处于疲惫不堪、焦虑不安的状态时，管理孩子就会变得更加困难。当我们自身的能量值已经很低，而压力值却一路飙升时，我们就很容易呈现出消极状态，比如跟孩子争执不休、对着他们吼叫，或者干脆举手投降了事。扭转这一局面的办法是建立有效的纪律。不过我写这本书的目的，不是简单地给你几样实用工具，让你拿去对孩子实施正面管教，而是要帮助你真正进入孩子的内心，理解他们行为背后的动因，因为只有理解了孩子行为的根源，才能跟上他们的思维方式，并对其行为举止给予有把握、有意识的回应。

将积极的亲子教育和积极心理学相结合，可以帮助我们辨识孩子的优点和长处，并将其发扬光大。这意味着我们首先要知道自己的习惯和特点中有哪些是有利于孩子成长发育的，而且要设法让自己随时从"工作模式"切换到更富有童心、更善解人意的"亲子模式"。这样不但可以营造真正幸福的家庭生活，而且可以使孩子和我们达到"双赢"——既满足了孩子成长的需要，又有利于我们的身心健康。同时，这也意味着我们要学会管理自己的情绪和敏感点，以便我们能够面对为人父母的挑战。

这本书无意争论"是做全职妈妈好还是边上班边养孩子好"这个问题。而且，我也不是要帮你解决"要不要去上班"的问题，或者给你一个能兼顾工作和家庭的理想模式。因为教育孩子的关键并不取决于你每天上几小时班，或者有几小时不上班。教育孩子真正起决定作用的是你如何管理自身的压力，以及如何利用一切可利用的时间创造有意义的亲子联结。

本书中的育儿方法致力于满足所有家庭成员的需求，同时它非常务实，在现代社会的工作模式下完全适用。本书囊括了职场父母经常面对的一些重大挑战，例如，当下班后身心疲惫地回到家中时，怎么摆平孩子之间的争吵；还有一些人们普遍关心的问题，例如，怎么控制孩子玩电子产品的时间，怎么增加孩子的自信，等等。此外，本书着重讨论令职场父母无比头疼而又无法摆脱的日常事务，比如，怎么在早上让孩子按时出门、如何避免为家庭作业跟孩子斗争……总之，本书的重点是给职场父母提供切实可行的方法和成功的经验，用于建设兼顾孩子和父母身心健康的幸福家庭生活。书中还提供了若干日常行动建议，帮助职场父母营造一个每天能欣然归去的"家"。

如果你与孩子相处的时间十分有限，但你很想当一个好爸爸/好妈妈，那这本书简直就是为你量身定制的。无论你是妈妈还是爸爸，无论你的工作是全职还是兼职，无论你是一周只有几小时陪孩子的大忙人，还是工作之外全程带娃的爸爸 / 妈妈，这本书都能帮你充分利用亲子时间，与孩子正确相处。本书主要面向 12 岁以下孩子的父母，然而，通过小事增进亲子联结的原则对所有年龄段的孩子都是适用的。在本书中，我还会不断切换场景，分别假设父母面对的是女儿或是儿子，是独生子或是好几个孩子，各种家庭情况都会涉及。

　　你不妨给自己一个机会，暂时放下沉闷乏味的琐事，花点时间读读这本书，深入了解孩子对你的真正期待，以及你对家庭的真正期待。这本书或许能引导你完全改变家庭生活风格，若不能完全改变，至少也能帮你稍微调整一下育儿方式。当你身处百忙之中时，很容易忽视那些可能会起到重要作用的微小改变。既然如此，现在不妨给自己倒上一杯茶，坐下来放松一下，想一想：我的家庭生活现在是什么样的？

第一部分 那些意义重大的时光碎片

第二部分 平静的家，幸福的家

第三部分　轻装上阵，呵护幸福

第一部分

那些意义重大的时光碎片

● 第 1 章 ●

职场父母的育儿陷阱

世界上没有完美的父母，也没有人能在养育孩子这件事上做到完全正确。我们都是通过摸索经验去学习如何当父母的，这意味着我们有时难免会犯错（但愿不要错得太离谱）。我们能做到的最好的事情，就是从已经犯下的错误中快速吸取教训，尽力避免经常性地重犯这些错误。当好父母，意味着父母要对自己的所作所为保持深思细察，及时分辨出其中有用的东西，同时察觉无益的行为并尽力避免重蹈覆辙。没有人能给我们什么灵丹妙药——没有心理学的小技巧，更没有魔杖或咒语可以用来控制孩子们的行为举止或者保证他们一直幸福快乐。我们唯一能控制的只有自己。亲子教育，不是要管理孩子的行为，而是要管理父母自己的思想、感受和行动。所以，我们不妨先进行一番自我检视。

亲子关系陷阱

自我检视的目的，不是让你感觉自己很糟糕，请不必因此陷入自我苛责中。然而，一边工作一边养育孩子的父母的确容易掉入一些陷阱或养成一些坏习惯。这些陷阱或坏习惯具有普遍性，我把它们称为"亲子关系陷阱"。有些人会时不时地掉入各种各样的亲子关系陷阱，还有些人比较顽固，一次又一次地掉进同样的陷阱里。反正我们所有人都不能幸免，都曾经在某个点上掉入了某个亲子关系陷阱。

　　需要上班的父母最容易掉入的一个陷阱，便是因为一直缺乏足够的时间陪伴孩子而产生的愧疚感或焦虑感。一旦我们感到时间仓促，就很容易采取简单粗暴的解决方案，于是便养成了某些当下虽立竿见影但从长远来看大有问题的育儿习惯。以下列出的，便是一边工作一边养儿育女的父母最容易掉入的一些亲子关系陷阱：

- 希望与家人相处的时光始终美好
- 为了避免冲突而轻易让步
- 缺乏一致性
- 盯着孩子有问题的行为不放
- 消极思维
- 用"自动驾驶模式"应对孩子

　　作为父母，我们时不时地会发现自己掉入了某个陷阱里。这个问题的应对策略是尽快识别这些陷阱，并努力让自己不要频繁地掉进去。因此，我们从一开始就要问问自己："现在我掉到哪个陷阱里了？"

　　好的亲子关系，并不意味着自始至终都一切顺利。

■ 希望与家人相处的时光始终美好

　　当我们与孩子相处的时间十分有限时，这段共处的时间便会承载着巨大的压力——它既要显得很特别，令人感到愉悦，又不能起冲突。没有哪个父母希望自己在上了一天班（或者经过了整整一个星期的思念煎熬）之后回到家中去跟孩子争执不休。我们期盼的是重现记忆中的美好过往——那些定格在发黄老照片里的家人团聚的时光。那些充满温情、阳光和欢笑的日子，来自我们视若珍宝并时时深情回忆的童年。

问题是，想让相聚的所有时光都美好，这根本不切实际。那些我们无比珍惜的童年记忆，实际上都是经过美化的版本，早已剔除了哥哥大喊大叫、爸爸暴跳如雷、妈妈哭哭泣泣的情节。父母和小孩子待上一整天，也有被气哭的时候（不是只有小孩子会哭）。所以说，如果我们期待的是一段无比欢愉的特殊时光，那么我们最后得到的一定是失望——对自己的失望和对孩子的失望。倘若我们总是把标准设得那么高，与家人相聚的时间里就一定会充满挫败感。

这便是首当其冲的亲子关系陷阱："家庭聚会的时间定在星期日下午，足球训练之后，家庭作业之前。每个人都兴高采烈，彼此亲切友善，不会有人哭鼻子或乱发脾气。"

可惜事实从未如你所愿，对吧？孩子们吵吵闹闹；你最大的儿子压根儿不参加家庭聚会；你最小的女儿玩顽皮木偶马（Buckaroo）游戏输了，哇哇大哭；你的配偶突然发现有桩紧急要务待办，匆忙开溜。接下来，你开始寻找指责的对象——你自己、你的配偶、你的孩子们。因为对"百分百开心美好"的期待通常都以"活像一场噩梦"收场，只是"中间有那么一小会儿还算凑合"而已。

如果你期待与家人相处的所有时光都是美好的，那么它不仅会让你失望，还会让你自怨自艾（"我真是个废物，连和孩子们好好待一天的本事都没有！"）或者产生一些否定孩子的负面想法（"这些小东西真是不知好歹，一点儿都不听话！我明明是为他们好！"）。

它还经常导致大人之间发生冲突。有时，其中一个父母想着把冰激凌端出来算了，另一个却铁了心要遵守规定和严肃纪律（多么经典的"好警察/坏警察"育儿陷阱）。我们一心只想逃避眼泪或怒火，但这种对"美好家庭时光"的追求本身就注定了失败的结局：父母要么被气得脸发绿，要么放开所有限制让孩子开心玩耍。这就谈到了第二个亲子关系陷阱——为了避免冲突而轻易让步。

■ 为了避免冲突而轻易让步

要想实现有效的亲子教育，关键在于设置边界和执行限制条件。这些边界和限制条件可以让家庭生活运行顺畅，使孩子安全健康，并能让父母传授一些必要的生活技能给他们。但是，强制性的边界不可避免地会产生冲突。孩子们不会喜欢父母划定的边界，当然，父母也没理由要他们喜欢，毕竟设置边界通常意味着不让他们做想做的事（比如在正餐时吃冰激凌）。因此，孩子们会一次又一次地试图突破边界。父母要想减少家庭冲突，看上去最合乎逻辑、快速让家中恢复平静的解决方案，就只能是放开限制，向孩子们举手投降。

这个亲子关系陷阱便是这样的："我跟孩子们在一起的时间实在太少了，这样的时光特别珍贵，应该充分享受才对。我好厌烦为了让他们吃蔬菜/举止礼貌一点/上床睡觉……去和他们斗嘴。孩子想怎么样就怎么样吧，这样轻松多了。虽然我知道这么做会有不良后果，但起码今天还是挺愉快的。"

短期内这样做确实有用。如果你在休假，那完全没问题！假期本来就应该打破常规、晚睡晚起、想吃就吃、想玩就玩。如果是出去玩一天，那也可以把某些规矩先放一边。但是，假期和短暂出游只能作为"例外"。如果你平时仅仅因为上一天班累了，一心只想息事宁人，便轻易向孩子让步，那么孩子反而会变得无所适从，分不清究竟什么时候需要守规矩，什么时候不需要。

这种避免冲突的策略的确能立竿见影，但长此以往，负面效应就会凸显出来。因为孩子会不断尝试突破边界，试探哪些限制是"绝对不能碰的"，哪些是"可以商量的"。孩子每次成功突破一个边界后，都会有"心得"：只要用对策略，就一定能绕过这个限制。一旦遂愿，孩子必然故技重演。父母屈服于孩子的反抗或推翻之前的决定，其实就是无意中的"奖赏"，它会令这样的事在今后更容易发生。只要一次反抗成功，孩子们就会依例行事，乐此不疲。因而从长远来看，冲突只会越来越多，而非越来越少，而"家"就会变成战场，令人头痛无比，只想逃之夭夭。

为了避免冲突而让步的父母更有可能以咆哮收场。

我们用举手投降的方式来换取和平，反而常常会把自己逼到崩溃的边缘，最后对孩子做出鲁莽轻率或非常过分的举动。设想一下这样一个场景：孩子们在沙发上蹦来蹦去，你告诫他们不要跳，不然会受伤，但是他们充耳不闻。毕竟他们正玩得起劲呢！你再次发出警告，要求他们停下来，回答你的只有快乐的尖叫声和大笑声。于是，你撒手不管了——随他们去吧！既然孩子们这么开心，大人何必扫兴呢。渐渐地，他们笑得越来越大声，也越来越吵闹。最后，尖叫声震耳欲聋，沙发垫子被横七竖八地扔了一地。过了一会儿，某个孩子打翻了饮料，某个孩子撞翻了台灯，把头磕了一下。你的忍耐终于到了极限！"砰！"你爆发了，一通狂吼，把孩子们全都吓哭了。

用轻易让步来避免冲突的结果是之后会有长期、更大的冲突。

有时候，父母之所以陷入这个亲子关系陷阱，是由于他们的负罪感。需要上班的父母会因为没时间陪伴孩子而心怀愧疚，因此，面对孩子的要求，他们就会非常容易松口让步。当孩子对着你尖叫"你真讨厌！"的时候，你再去坚持原则、守住边界的确非常困难。你会听到自己脑海中有个小小的声音不停地说"她是对的，这全是我的错。"当父母因没有足够时间陪伴孩子而深感愧疚时，就很容易忽视一点：孩子的行为不当，仅仅是因为他们还是孩子，并不是因为你去上班了没有陪伴他们。

这个陷阱与第三个亲子关系陷阱——缺乏一致性，有着分不开的关系。

■ 缺乏一致性

保持一致性在亲子教育方面的重要性，我想如今不会还有哪个父母没有听说过。但是，它为何如此重要呢？我们又怎样才能做到呢？首先让我们正视现实吧，在育儿过程中，有时候保持一致性比较容易，有时候就不那么容易了。如果我们休息充分，精神放松，一天的工作也都挺顺利，那么我们在这种状态下面对孩子的反抗时，就能做到坚持原则。但是，作为一个既要工作又要照顾孩子的家长，你充分休息和放松精神的机会在哪儿呢？

"让我睡一晚上好觉，上下班别堵车，一天的工作顺顺利利，我肯定是个特别优秀的妈妈！我会给他们立规矩，把规矩执行到底，我会说一不二。孩子们开始斗嘴的时候，我会温和坚定、公平公正地帮他们摆平。可是，如果我一天都过得很辛苦，当孩子们开始互骂互掐的时候，你只会发现我躲在楼梯下面的橱柜里，两手捂着耳朵，祈祷他们能自己搞定，最好不要有谁缺胳膊断腿。"这听起来是不是有点耳熟？

让我们"绕点路"去瞄一眼"斯金纳箱"（Skinner's Box）。当然，我绝对没有将孩子们比作小动物的意思。斯金纳是 20 世纪 30 年代的一位心理学家，曾研究过保持一致性对动物学习速度的影响。他设计了一个箱子，箱子里面有根杠杆，动物只要压一下杠杆就会落下一粒食物。他发现，如果食物的投放规则始终是一致的，即动物每压一下杠杆就一定会有一粒食物落下来，那么动物在饥饿状态下能很快学会并重复这个动作。如果食物只是偶尔落下来（食物的投放规则不一致），那么动物就需要更长时间才能将"压杠杆"和"得到食物"联系在一起。如果停止投放食物，动物很快就会放弃压杠杆，再也不会为它操心劳神了。由此可见，保持一致性能提升学习速度。

有趣的是，观察结果显示，如果动物不是每次压杠杆都能得到食物（食物的投放规则不一致），那么它们在不饿的时候也会反复压杠杆。它们会囤积不需要的食物，因为不确定下次压杠杆时还有没有食物掉下来。它们面对变化时的自我调整也十分迟缓，即使根本没有食物落下，它们仍会一直压杠杆。这说明，缺乏一致性的响应会助长缺乏一致性的行为。

现在我们设想一下这样一个场景：一个小孩在超市里想要甜甜圈。如果他发现，他永远也不可能通过大哭大闹得到一个甜甜圈，那么他很快就会放弃这个哭闹策略。如果他在购物过程中始终安安静静地待在购物车里，购物结束时便能得到一个甜甜圈，并且一贯如此，那么他很快就能掌握这一点，以后每次购物时他都会安静地待在购物车里。但是，如果他通过哭闹的方式偶尔也能得到一个甜甜圈（行为不一致），他就会一直尝试哭闹，而且哭闹得更频繁，哭闹声更响。甚至，哪怕他并不真的想吃甜甜圈，他也会哭闹。由此可见，育儿行为的不一致，会导致孩子产生更多、更严重的行为问题。

如果你不确定自己是否已经掉进了"缺乏一致性"这个陷阱，做一下这个测试便立刻见分晓：你的孩子是否在学校属于乖小孩，而在家却相当顽皮？你向老师描述孩子在家的行径时，老师是否流露出难以置信的表情，仿佛他们根本不认识你口中描述的那个小孩？好吧，这就是信号：你的孩子在学校对规则认知清晰，得到的反馈也高度一致，但在家里却被你前后不一致的回应或过于有弹性的边界弄得乱了套。

▇ 盯着孩子有问题的行为不放

保持一致性，并非要你一直盯着孩子，或者抓住他们做错的每件事不放手。当你只有一个小时能和孩子相处时，你很可能会盯着孩子的错误行为不放，试图抓紧时间尽可能地指导和纠正他们。职场父母特别容易掉进这个陷阱，因为他们为了保证把事情做完，所以格外看重秩序。

这个亲子关系陷阱是这样的："时间太紧了，我得在一小时内和你谈完所有的事情。你今天表现得怎么样？有没有什么需要我来纠正的？不行，你不可以做 / 说 / 吃 / 看 / 读……为了弥补亲子时间短缺这一不足，我得把每个边界再统统强化一遍，让所有人看到我很懂得如何管教孩子。"

对孩子来说，老是被父母指指点点，一点也不好玩，而且父母这么做实际上也不起作用。因为父母会更关注那些不希望孩子去做的事情，而不是那些他们想要鼓励孩子的行为。这就是问题所在，因为孩子更倾向于重复那些能够吸引父母注意力的行为。

设想一下：孩子们安安静静地玩耍（好难得！），既没有为了争夺遥控器打起来，也没有吵嚷着该轮到谁玩玩具，也没有叫喊着要帮忙、要绳子、要饼干或别的什么东西。那么，你会做什么呢？你自然分外珍惜这宝贵的片刻时光，坐下来喝杯茶。（也许你更可能忙来忙去，把堆在手上的成千上万件家务事尽量"消灭"几件。）只要孩子们不犯错误，他们就会被完全彻底地忽视，直到尖叫声响起，你的注意力才会回到他们身上——然后你立马切换到"警察模式"，开足马力，雷霆万钧地奔过去，摆平他们的"不法"行为。

而孩子们将从中悟出什么呢？他们会悟出，只有做坏事才能得到父母的关注。他们会悟出，只要拿个重东西敲一下妹妹的脑袋，立马就能得到父母的关注，没什么比这招更灵光了。好好带妹妹玩，父母根本注意不到，那干吗要费那个心呢？如果我们在孩子乖的时候忽略他们，只有在他们犯错时才给予大量关注，其实就是在无意中鼓励孩子干坏事。

过多关注孩子的不良行为，通常与第五个亲子关系陷阱——消极思维密切相关。

■ 消极思维

这个亲子关系陷阱通常的表现形式是：对于孩子的不良行为，我们完全归咎于孩子本人。当一个孩子做出挑战性的举动时，我们很容易给他们贴上负面标签 ——"他真讨厌！""她太固执了！""她这是存心惹我生气。"这些都是消极思维。

父母们来找我寻求帮助时，一般都不会说"我在当父母这事上遇到问题了"，而是说"我的孩子有问题"。但是，如果我们始终因为孩子的行为举止而责备他们，就会陷入消极情绪的恶性循环——"我的孩子需要改变，是她的错误导致了我们发生争执。"这种消极思维常常意味着父母忽视了事情的发展是动态的，而且其中也有自己的责任。我们看不到自己是如何让孩子形成那种行为模式的，因而也注意不到，其实我们只要小小地改变一下自己的行为举止，就能让孩子变得全然不同。

当一切顺利时，人们会误以为亲子教育十分简单："我做甲事，孩子做乙事，结果很不错！我们俩都领会了，下次还这么做就行。"不错！是良性循环。然而一般来说，事情不会这么简单。我们经常会发现自己的初始意图根本实现不了（"我做甲事，孩子却不肯做乙事。"），然后不得不根据具体情况对育儿方法做相应调整。例如，我们会认识到某个小孩特别容易受到惊吓，或者他在饿着肚子的情况下很不配合，于是我们只能调整自己去适应孩子。也许我们会领悟到，有时要想让孩子做乙事，我们得先做丙事而不是甲事。

不过，有时自我调整对我们来说比较难，于是我们便一直重复同样的做法，并相信它应该有用，而这意味着我们陷入了消极思维的套路。从今往后，每当我做了甲事，孩子却没有做乙事，我就会感到十分伤心，仿佛自己作为父母遭到了批评，自己珍视的东西也被否定了。父母都有这样的体验：孩子的行为仿佛是对父母的判决，或者是由于父母"错误"对待孩子而造成的后果，亟待纠正。

既然如此，有的父母干脆放弃了自我调整，而在老路上越走越远：直接给孩子贴上负面标签，结果给亲子关系挖了个更大的陷阱。长此以往，我们越来越感到不能胜任父母这个角色，于是又开始给自己也贴上负面标签。结果，孩子的行为愈发恶劣，亲子关系开始恶化。我们就这样实实在在地陷入了"消极思维"这个陷阱中难以自拔。

■ 用"自动驾驶模式"应对孩子

这是人们在疲倦或焦虑状态下，或者感到心烦的时候特别容易掉进去的终极亲子关系陷阱。你的身体和孩子在一起，意识却早就去了别的地方。你貌似在场，实际却是缺席的。

也许在家里，你忙于其他事情，没有时间和孩子互动；也许在公园里，你正推着孩子荡秋千，但耳朵贴在手机上，根本没听孩子在说什么；也许你正在被头脑中的想法牢牢束缚着。你的身体确实在那儿，但你并没有给予孩子有意义的陪伴。这就是用"自动驾驶模式"当父母。

我自己压力大的时候就特别容易变成这个样子。毫不夸张地说，很多人都知道，他们和我说话时，经常发现我根本没在听，好像我的大脑开启了防火墙，什么都钻不进去。别人对我说话，我可能会点头，但事后根本想不起对方说了什么，因为当时我的大脑正在飞速运转，忙于考虑其他事情。

边工作边带孩子，确实会让人忙到抓狂。回家好似转场，意味着开启新一轮的辛苦工作。你得把孩子喂饱，给他们洗澡，还得读故事书给他们听。此外，你还要教他们写字，带他们参加儿童俱乐部的活动，做饭，打扫屋子，收拾草坪，采购食物，洗衣服……任务清单越拉越长，没完没了。这种情况下，孩子过来找你的时候，你就很容易蹦出"现在不行，我很忙"这句话，或者只是心不在焉地点点头。

但是，父母这样的话语或举动给孩子传达了什么样的信息呢？孩子会很快意识到，他们没法轻易得到父母的情感投入。要想引起爸爸妈妈的注意，他们需要把自己的行为升级到极度兴奋状态。孩子会很快形成这样的认知：对爸爸妈妈来说，做晚饭比听孩子说话重要。实际上，当父母开启"自动驾驶模式"时，不仅会让孩子深感迷茫，父母同样也损失不小。父母会错过孩子们所有微妙的暗示——那些能够帮助父母理解他们、领会他们的思想和情感的小信号。父母错过了让亲子关系变得融洽的机会，而把自己降级成了一个任务驱动型的保育员。

用"自动驾驶模式"当父母，我们确实是在保证孩子的安全，监护他们，满足他们物质方面的需要，但仅此而已。如果我们想追求更丰富多彩的家庭生活，就不能让自己在这个亲子关系陷阱里待得太久。我们要找到合适的方法，及时从任务和计划中跳出来，与孩子联结，这是营造幸福家庭生活的基础。

> **思考小贴士：**
>
> 回顾一下前文描述的那些亲子关系陷阱，哪个（些）陷阱是你经常会掉进去的？有没有在某些特定场合，或者在一天当中某个特定的时间段，你最容易产生不切实际的期望、徒劳无益的策略或消极思维？

行文至此，我们已经列出了时间紧张的职场父母容易掉进去的六个亲子关系陷阱。其中有些你是不是看着眼熟？你是否正陷在某个陷阱里出不来？还是每样你都沾了一点儿边？没关系，认清现状是改进的第一步。问题不在于你是否掉入哪个陷阱里，而在于你是否认识到了这一点，是否能跳出那个陷阱。亲子教育本质上是习惯的养成，而习惯是可以改变的——哪怕每次只改变一点点，最终结果也会令你大吃一惊。你要迈出的第一步是调整心态。现在，让我们开启第2章吧！

● 第 2 章 ●

我是你的工作还是你的孩子

　　绝大多数职场父母面临的最大挑战，就是上了一天班后回到家里，还得端正心态做父母。这听起来简单，但是很多父母仍要通过学习才能掌握如何在同一天内变换两种截然不同的角色。

　　现代职场要求成年人工作专注，效率第一。我们的工作日总是围绕着"工作目标"和"截止日期"转的。老板要求员工按时完成工作，不超预算。工作优秀意味着要严格遵守时间表、高效完成工作任务、致力于可量化的产出，并且保持发展势头良好。大多数人都会感到工作压力大，这一点也不奇怪——即使我们很喜欢一份工作，若要始终保持超高效率，也是一件耗费心力的事情。

　　然而对于家庭生活，我们的职场技能就不一定适用了。亲子教育需要我们具备完全不同的才干与特长。孩子需要的是善于调整情绪，充满好奇心、童心和共情力的爸爸妈妈。所以父母要慢下来，捕捉孩子细微的表达，而不是一直盯着最终目标不放。父母要把回应和倾听看得比完成工作任务更重要。父母要帮助孩子学习，不是直接推着他们去完成目标，而是要让学习的过程变得更有意义。

　　工作上忙碌了一天，回家还要当性情平和、言行一致的父母，这的确不易。好的亲子教育要求父母在孩子突破边界时坚持原则，这意味着父母要能接收孩子发出的信号，并且要在孩子面前管理好自己的情绪——因为孩子还不会控制自己的情绪。在上了一天班之后，这确实是个很大的挑战，而且我们在工作方面的技能与我们当父母所需的技能有很大不同。在这种情况下，如果我们要创造能兼顾所有人需求的家庭生活，那么学会在工作模式和亲子模式之间灵活切换就变得至关重要了。

了解你的工作模式

对于绝大多数上班的父母而言，有一种思维方式是职场生涯的强力支撑，我称之为"效率思维"。这是一种着眼于未来的思维方式，致力于如何以最少的时间和精力完成工作任务。它要求我们把一系列的任务排出优先顺序，然后逐项完成，从而以最高效率、最佳效果完成工作目标。

如今显而易见的是，各种工作岗位的职责要求都略有不同。你居于产业链的哪个位置，会影响你用到多少效率思维。但是在现代社会中，几乎没有一个岗位不要求员工按照某种形式的进度或指标去工作。即使是在以人为中心的护理岗位上，人们仍然必须紧盯目标和预算。一句话，在职场，时间就是金钱（而金钱就是一切）。

我们大多数人都想在职场站稳脚跟，因为我们在乎自己的工作，或者期待升职加薪，或者哪怕仅仅为了拿到一份薪水。在工作中做到得心应手是很重要的。工作不仅能增强我们的身份认同感，还能增强我们的价值感，或许是因为我们本身就具有责任心（无论是对客户、同事还是生活）。但工作也总令人充满焦虑感，而且时时占据着我们的大脑。于是，我们越来越善于运用以目标为核心的效率思维。

我们很快认识到，要想在职场奋斗（或生存）下去，一定要将效率放在优先位置。我们日复一日地在超级高效的思维模式下飞快运转，永远按照"待办事项清单"一路奔忙，警醒地发现问题、积极地寻找解决方案、小心地探测威胁到我们地位的东西。我们反反复复地实践效率思维，直到真正令它变成我们的第二天性。

正因如此，当我们回到家中时，要关掉这个思维模式就变得特别困难，而这就是问题所在，因为孩子并不懂效率思维。

■ 为什么孩子不采用效率思维

孩子不采用效率思维，是因为他们没有这个能力。在婴幼儿的成长发育中，排在优先位置的是其他东西，他们的大脑也还没有被塑成那副样子。人类大脑中促使我们进行高效思维的物质叫作前额叶皮质，它位于额叶前部，就在我们的额头后面。前额叶皮质掌管着复杂的执行功能，比如战略性思维、策划和评估。正是大脑的这一物质让我们能聚焦于目标、制订一系列计划，并避免注意力分散。成年人的前额叶皮质是发育完全的（幸好如此，因为这对我们的职场生存太宝贵了），但是孩子的前额叶皮质还在发育过程中。虽然孩子看上去已经是个完整的人了（只是形体小一点而已），但是孩子的大脑发育其实只完成了一半。孩子的大脑并不只是尺寸上比成年人的大脑小，它更像是软件的早期版本，还缺少许多关键功能和处理能力。

成年人大脑中掌管效率思维的部分，在孩子的大脑中尚未得到完全发育。父母那种以任务为重、专心致志、以目标为核心的工作模式，对孩子来说完全是格格不入的。成年人出去一趟也许就是为了去商店买牛奶，并尽快回家做饭。而对孩子来说，出去一趟的目的，是与外部世界接触、刺激其感官和发展他们大脑中的神经元连接（获得知识和技能）。也就是说，并不是孩子不想集中注意力完成最终目标，而是他们做不到。他们缺乏能避免注意力分散的神经线路。

对于孩子的认知发展来说，注意力分散其实是个巨大的利好，因为这意味着孩子的大脑对于一切可能都是开放的。蹒跚学步的幼儿在出门散步时，一个小水坑、一只小昆虫、一棵小草甚至一小片杂物都令他们着迷，召唤他们去探索。他们的头脑里对走路没有更高远的目标，即使一分钟前他们出门时想的是去公园。公园？什么公园？看！那边地上有张闪闪发光的糖果纸被风吹得一路小跑，很好玩！

对于孩子而言，对注意力分散不加干预，其实是件好事，它有利于孩子认识关于这个世界的一草一木、角角落落，而这些正是孩子努力认知和识别的东西。孩子内在的好奇心在帮助他们构建自己的大脑。追赶鲜艳的糖果纸，把它拿起来，听它被揉得哗哗响的声音——这些细小的片刻，正是智力和创造力得以提升的时候。

但如果处于效率思维模式下的父母不愿意放慢脚步，让孩子们去追逐糖果纸、跳水坑或用小棍戳树叶，那孩子就失去了认识世界的机会。如果我们只想着赶紧去商店买牛奶，回家，准时开饭，准时收拾完毕上床，就很容易认为追逐糖果纸那样的事情是毫无意义的，小孩子是时间浪费大王（或者更糟糕，是麻烦制造者）。我们总是匆匆忙忙去完成各种事项，总是和孩子的意愿背道而驰，而这样做的后果是，谁的需求都没有得到满足，每个人都充满了挫败感，甚至感到处境悲惨。

在非工作场合，过多的效率思维会是巨大的障碍。

思考小贴士：

先列出你胜任本职工作所需的技能和特长，再列出你认为当一个好父母所需的技能和特长。如果让你的孩子来选好爸爸 / 好妈妈应当具有的技能和特长，你认为他们会选哪些？请你的孩子列出他们心目中的好爸爸 / 好妈妈拥有的十大品质，并与你自己设想的内容进行对比。（如果孩子还很小，可以请他们画一幅 "世界上最好的爸爸 / 妈妈" 的图画，并给你讲解这幅画的含义。）

■ 亲子教育的重点在于过程，而不是结果

关于工作模式和亲子模式，我们还可以换一种方式来思考，即二者是过程优先还是结果优先。效率思维（工作模式）是结果优先：完成所有任务，实现工作目标，逐项勾除待办事项清单，往一天里塞进更多的事项。所有这些都是现代职场人必备的基本技能。

而在经营家庭的时候，具备些许效率思维显然也是有益的。现代育儿行为有大量的组织工作和后勤事务要处理。你下班后步入家门时，待办事项清单并没有消失，只是换成了另外一张——你仿佛即刻上了第二班岗，有成千上万的工作事项等着你去完成：做饭、叠衣服、洗头发、找运动装备包、读故事书、打电话、订餐、组织生日聚会……看不到尽头。要应付这些事情，效率思维定然是件利器。但是，始终坚持效率思维模式却是一个陷阱，因为当我们过分专注于最终目标时，必然会错过某些时光，而在亲子之间，这些时光才是

最有意义的。

当父母紧盯着结果时，一旦孩子做得不够好或不够快，达不到父母的预期——无论是没在晚上 8 点半前准时上床、没有学会阅读还是没能准时到达公园——父母都很容易产生挫败感。我们会因为孩子昨天刚认的字今天就忘了而烦恼，会因为他们的家庭作业做得不好而大发脾气。我们会对着孩子大喊大叫，催促他们快点穿鞋、快点上车，好躲过拥堵，完成"全家欢乐一日游"！

父母不厌其烦地驱赶孩子去实现结果是有风险的，那就是让父母在场这件事变得不愉快。被人连吼带叫地催着快点去某个地方玩，这本身一点也不好玩。学会阅读需要通过拥有大量愉快的阅读体验，而不是通过每天担心阅读理解没做对来实现。亲子教育是一个过程，不是一个亟待完成的项目。这个过程，是由一系列的时光片段组成的。在亲子教育中我们永远不会真正知道自己做得是否正确，因为亲子教育的重点在于这些时光片段本身——而且，前方没有终点。

所以，在工作之外，不要让效率思维始终占据主场，因为有时它会愚弄你。

怎样从工作模式切换到亲子模式

要想避免自己陷在效率思维里，你就要学会切换两种不同的模式：工作模式和亲子模式。要实现这一点，你需要养成某些习惯，让它们提示你的身体和大脑在"工作技能包"和"家庭技能包"之间完成切换。在工作和家庭之间建立良好的"切换程序"会给你的生活带来巨大的变化：从前你可能在暮色降临之前就精神紧张地准备好了各种训斥、呵责，而现在你会轻松愉快地走进家门，精力充沛地迎接与家人共聚晚餐的时光。

良好的"切换程序"能帮助职场父母做到如下几点：

- 暂时放下工作上的忧虑和思考，把它们交给明天；
- 把效率思维的重要性往后放一放；
- 重新重视更柔和的技能；
- 在到达家门之前做好准备，迎接与家人共处的时光所带来的愉悦感和挑战。

我的目的是帮助职场父母弱化效率思维，提升你做父母的技能，比如共情力、好奇心和童心。如果职场父母能花点时间开发出一套对自身管用的"切换程序"，就可以让建立良好的亲子关系这件事变得容易很多。关于如何从工作模式切换到亲子模式，以下便是我的一些建议。

■ 不要在饥饿或口渴的状态下推开家门

脾气再好的人也会在饥饿或口渴的状态下变得烦躁易怒。如果你在上班时间一直忙得顾不上吃点东西、喝点水，那么一定要在回家的路上买点水和快餐先垫一垫肚子。在外面耽搁 5 分钟恢复一下体力是值得的，这样你就不会在筋疲力尽的状态下匆匆"上岗"。多关注自己的身体需求，这一点至关重要，因为你必须保证自己有足够的精力和体力去应对（天生蛮不讲理的）小孩子的各种要求。

■■ 改变思考内容

如果你的脑袋里塞满了工作上的事，要改变效率思维是很难的。因此，你需要找到方法把所有工作上的事都忘掉。在回家的路上，不要再查看没完没了的电子邮件，试一试沉浸式地阅读一本小说，让它帮你把注意力从工作内容中移开（最好选择故事性强、能完全把你带进书中世界的那种小说）。如果你自己开车，听有声书是一个不错的选择，你也可以试试用手机听一些轻松有趣的播客节目。

如果分散注意力这一方法对你不管用，抑或是你的脑子里仍是那些没干完的工作，那你就要找到一个方法，帮你把工作上的想法存放起来，到第二天再打开。你可以找个笔记本（电子笔记本也一样），把脑海中所有关于工作的事项记录下来，然后合上本子放进包里（或者给电子笔记本设置提醒功能，让它第二天早上在你上班的路上自动弹出来）。一旦你知道自己思考的内容已经被捕捉到了，不会丢失，你就会觉得没必要一直惦记着它了。

■ 调动积极的情绪

你可以帮自己调动一下积极的情绪，比如随身携带一张孩子的照片或孩子画的画，或者某件能让你看见它时心中产生一股暖流的物品。坐在回家的公交车／地铁上，或停好车后（自己开车的话），拿出来看它几分钟，让你的脑海中浮现孩子的面庞，同时做几个深呼吸，让爱意流过你的心田。这些温暖亲切的情感会传遍你的全身，发挥其魔力——调动你对孩子的正面情绪，让你迅速切换到亲子模式，能量满满地走进家门去与孩子加强亲子联结。

■ 找到令你感动的事情

效率思维是按"不足模式"运作的，它让大脑始终关注还有什么事情要做，还有什么目标没有实现。它令我们始终处于不满足的状态，直到达成最终目标，才有可能一次性地奖励我们——让我们获得满足感。让注意力集中在已经发生的开心的事情上，是缓解这种焦虑最好的方法。我们可以在坐公交车／地铁回家的路上，合上双眼，在头脑里默默起草一封给孩子的感谢信，或者在心中列一个清单，写出孩子做过的或者我们曾遇到的让我们无比感动的事情。

■ 释放压力

压力会令父母更容易对孩子指手画脚，并削弱与孩子情感上的联结。太多的压力会破坏亲子关系，所以，一定要在踏进家门之前化解掉你的压力。你可以在回家的路上停几分钟，闭上眼睛，缓慢、深长地呼吸。让鼻子深深吸气，再慢慢从嘴巴向外吐气，同时从 1 数到 5。你也可以在离家不远的街角长凳上坐一分钟，呼吸、微笑，让大脑随着你的微笑释放出令人愉悦的化学物质。总而言之，你要找到适合自己的压力释放法，每次在回家的路上花点时间做做这方面的功课。

正念练习是一个很不错的方法，它可以让你停止冲动、关注当下，而不是总想往前多走三步。这正是你摆脱效率思维模式所需要的。保持正念，是指把全部注意力集中在当下发生的所有事情上。通过不断的练习，我们逐步训练出自我反省的能力，随时觉察内在的想法和情绪，并且不再受其控制。其实正念练习很简单，你只要坐着，把注意力放在身体感官上，体会声音、气味、触觉，便有助于你进入一个更平静、更关注于当下的状态。你可以坐在长凳上，闭上双眼，分辨五种你能听到的声音、三种你能闻到的味道和一种你能用皮肤感受到的东西。你也可以在手机上下载一个 App，用于在下班回家的公交车 / 地铁上练习正念冥想。

体育锻炼也是很好的压力释放法，你可以试着把它和下班路途结合起来。把开车改成骑自行车，或者提前一两站下公交车，徒步回家。确实，你会在路上多费几分钟，但与你早几分钟到家相比，带着好心情回家显然更重要。这就是我们努力要实现的——摆脱效率思维模式。

■ 尽快给孩子一些关注

你知道，孩子们很可能一看到你就扑上来抓着你不放。你要接受这个情况，给他们一点时间，不要急于着手去做其他事情。如果你走进家门时，孩子们就在家里，那你就坐下来，全心全意地和他们待一会儿。只要你静静坐着，让他们伸手可触，他们就不会产生努力吸引你的注意力的需求。一旦你们之间重新建立了亲子联结，他们便会很高兴，能放手任由你离开他们的视线去换衣服、做饭或者做其他事情了。

如果你亲自去幼儿园接孩子，别急着带孩子直接往家赶。花上几分钟，一起静静地待一会儿，给他们一些关注。我知道你有上百个理由去尽快完成接孩子这件事（"还没做晚饭呢！""孩子们饿了，我得赶紧带他们回家！"），但这正是"要节约时间"的效率思维在误导你，你得把这个念头先放一放，从工作模式中切换出来。不要催着赶着弄得每个人都手忙脚乱的，而是花 5 分钟时间什么也不做，完全把注意力放到孩子身上，你自己也切换到亲子模式。要是原地不能停留，你就带孩子去喝点、吃点东西，在附近找个长凳，和孩子一起坐上 5 分钟，然后再起身一起回家。

> **思考小贴士：**
>
> 　　每天下班后和孩子们相聚时，你处于什么样的思维模式？身体的感觉如何？头脑里在想什么？和孩子见面的前 10 分钟在做什么？
>
> 　　你想要处于什么样的思维模式？你想要身体有什么样的感觉？闭上眼睛，想象一下你带着全新的思维模式和孩子相见的场景。如果你换一种心态和思维模式，你们在一起的前 10 分钟会是什么样的情形？

■■ 换上家居服

　　这个真的很简单。我们绝大多数人上班时都穿着正装，不是西服领带，就是时髦衬衣、裙子、高跟鞋。一回到家就换掉上班时穿的衣服，是特别管用的一个心理妙招，能帮助我们的大脑快速切换到亲子模式。家居服本身也更柔软舒适，穿着它我们更容易放松，也更便于和孩子玩耍、拥抱！

■ 和孩子一起玩耍

　　玩耍是切换大脑思维模式、与孩子建立亲子联结的不二法门。我知道你还有数不清的事情要做，没法一直陪孩子玩，但是不妨尝试一下，每天晚上专门留出 15 分钟时间，全心全意地与孩子一起玩。不要边玩边想着工作、做晚饭或别的事情，要尽力沉浸其中，实实在在地享受玩耍的乐趣。只要 15 分钟！忘记自己是个大人，把逻辑思维、指标、任务什么的统统都忘掉！在亲子模式中，恐龙生活在农场里，还被绵羊狠狠地揍了一顿！你可以和他们一起胡闹，一起打球；跟十一二岁的孩子在电脑上来一场疯狂赛车；或者拿上毯子，带他们去室外躺着看星星，教他们认识星座。总之，在那一刻，把自己调整到亲子模式，赶走头脑中的工作模式，和孩子尽情玩耍吧！

■ 偶尔改变日常习惯

　　孩子们是否在你迈进家门的瞬间就开始吵闹不休？你从学校接他们回家时，他们是否一上车就打架？是否你到家还不满 10 分钟他们就开始哭闹、发脾气？如果是这样，他们很可能是在努力争取得到你的关注。有时，我们会陷入不良的"切换程序"中，而且还会养成不良的习惯。

　　如果你发现自己设定的从工作到家庭的"切换程序"不管用，就不要再重复老一套了。丢掉老办法，尝试新招数。试试在进家门之前给孩子们打个电话（视频通话对幼儿来说简直完美！）。如果你去接他们，回家之前绕点路去看看鸭子，或者下班路上买些三明治，接到孩子后直接去公园野餐当晚饭；如果是冬天，穿上长筒靴，带上手电筒，夜里玩个惊喜漫游；或者只是在路边咖啡馆停一下，喝杯热饮再回家。你偶尔不妨"放个大招"，彻底改变消极状态，如干脆给孩子们一个大大的惊喜：下班后直接带他们去打半小时保龄球，怎么样？

是的，这样确实有点浪费时间。是的，这样也会扰乱他们的日常生活。但是，当你陷入消极状态时，一味地坚持一成不变的日常习惯是不对的。（如果某些东西仅仅在理论上管用，但事实上明摆着不管用，那你就不要再抓着不放了。）只要花短短几分钟时间改变刻板的日常习惯，你就能为创造全新的互动模式开拓新的空间。

当然，让家庭生活的每分钟都处于"慢下来"的状态是不可能的。家庭生活也是有时间限制的，总有些事要求我们把时间列为优先考虑因素——比如看医生、上学等，这些都必须准时。些许的效率思维毫无疑问是家庭生活的助推剂，但是如果你永远不肯放慢脚步，让孩子去追逐一下闪闪发光的糖果纸，你就会错过创造高品质家庭生活、营造幸福欢乐的家庭氛围的良机。

只有具备自觉地从工作模式中摆脱出来、放下以目标为核心的效率思维的能力，你才能真正敞开胸怀接纳全套宝贵的育儿技能，并创造出有意义的亲子互动。

行动小贴士：

◎列出有助于放下工作思虑、放松身心的新点子，从中选择三个，接下来的两周时间在下班回家途中进行尝试。

◎在下一次你下班后，与孩子们见面之前，给自己几分钟时间，闭上眼睛，想象一下他们的样子，越详细清楚越好。当你在脑海中想起他们时，保持微笑。

● 第 3 章 ●

自我调适和亲子联结

我们如何看待自己作为父母这个角色，会大大影响我们做父母的实际水平。当我们坚守以"尽职尽责"为宗旨的效率思维模式时，便会着力在睡觉之前完成所有任务：喂饱他们、给他们洗澡、洗衣服、阅读、训斥、寻找丢失的运动装备包（我儿子丢过好多运动装备包，谁能告诉我这是为什么）等诸如此类的事，零零碎碎，想想就头疼！这些永远做不完的事给家庭生活带来了沉重的精神负担，令一家人的夜晚变得十分难熬，根本谈不上是一家人十分享受的相亲相爱的美好时光。

然而，构成家庭生活的是关系，而不是任务。让思维一直处于以目标为核心的状态，最大的一个危险是，它会影响亲子之间的联结。处于工作模式时，我们的思维会自动跳到结果："我的孩子在哭，我的任务是消除他的压力""我的孩子遇到困难了，我的任务是给他提供建议""我的孩子做了一件傻事，我的任务是批评他"。直奔最终目标，便意味着我们会很快关闭与孩子沟通的大门，而且大人经常不肯停下来倾听并满足孩子的需求——他们要的是与父母建立亲子联结，而不是索取一个解决问题的办法。

我们要重新梳理一下育儿思维，不要把它弄成待办事项清单或者某个需要执行的项目，而要看到，父母的天职是与孩子建立亲子联结，打开心门，接纳一个全然不同的动态关系。良好的亲子关系是相亲相爱、相互尊重的，它建立在接纳、好奇、共情、享受彼此陪伴的基础上。

建立亲子关系不是待办事项清单中一项做完即勾掉的工作事项，它与我们每天都在做的若干细小选择相关，与我们聊天、欢笑、放缓脚步、花几分钟去倾听孩子说话相关——是真正全神贯注地倾听，而不是心不在焉地点头。只有通过倾听，我们才能与孩子建立更深层次的联结，真正理解他们。建立亲子关系不必耗费大量时间，而在于相处时刻的品质。帮助你建立情感联结的并不是"亲子一日游"或是去动物园看动物等这些活动，而是日常的家人互动。

亲子关系是由什么构成的？

我询问过一些父母，他们认为是什么造就了良好的亲子关系，答案通常包含"信任""沟通""尊重"等词语。这些理所当然都是良好亲子关系的组成部分。然而，信任或尊重又是如何产生的呢？是由那些小小的时光片段和小小的亲情互动累积起来的。良好关系的产生，是由于两个人之间的互动不断重复，因而形成了某种相处模式。这种相处模式令我们感受很特别，并期待未来的互动也能形成某种特定方式。良好的关系让我们有安全感和依附感，不良的关系则让我们感到威胁和紧张不安，并且更倾向于恶意揣测对方的行为。无数的时光片段沉淀下来，形成稳定的相处模式，并不断累积形成一个更大的整体性概念，这就是亲子关系的塑造过程。

孩子从出生那一刻起，便开始与抚养人建立亲子关系。初始的关系特别简单，就是"我有个需求，请满足它！"婴儿的沟通方式简单粗暴——哭！刚刚"上任"的父母只能扒拉着一张"任务清单"胡乱猜测：这种哭声表达的是什么需求？（困了？饿了？尿了？冷了？热了？）直到他们在手忙脚乱中做出的某个举动看似起了作用。慢慢地，通过不断重复这样的互动（这个过程其实很抓狂），父母开始学会区分婴儿对不同需求的表达，而婴儿也学会了发出不同的信号来示意不同的情况。如果婴儿的需求经常得到满足，他便会为自己和父母（照料者）之间的关系发展出一套模板——内在工作模型。有了这个模板，他们就会感到安全、放心，并且知道需求一般都会得到满足。

这个早期依附感的形成过程常常被过度解读，令坚持上班的母亲总被愧疚感折磨，同时也给了父亲一个轻松逃脱照顾婴儿义务的借口。然而，在这个依附理论中，其实没有任何一条说婴幼儿早期需要而且只需要一个全心全意的母亲去满足其每个需求，以保证其情感的健康发展。然而，这个理想化的完美"母子纽带"如今已经被许多人内化成了信仰，认为母亲留在家里对孩子更好，做了母亲还要去上班是可耻的。依附感对于孩子的茁壮成长诚然是必需的，而且依附感越稳固越好，但是并没有证据表明，母亲一个人始终在场充当孩子的依恋对象，对孩子的健康成长是至关重要、必不可少的。恰恰相反，有许多证据显示，如果孩子能在生活中对多个照料者产生稳固的依附感，对孩子是有益的。

人们往往误用依附理论，认为要让婴幼儿产生稳固的依附感，称职的父母就应当始终守在孩子身边，随时响应孩子的需要。（对于为了上班离开孩子的父母来说，这是另一根惩罚他们的"大棒"！）而事实上，婴幼儿强烈依附感的形成，并不要求父母随时扑上去满足其每个需求。建立良好的亲子关系，意味着父母能充分了解孩子，有能力识别出他们所表达的需求，同时也能恰当地衡量孩子接纳暂时不满足或不舒适的能力。在此情况下，我们可以放手让婴幼儿逐步学会独立管理自我需求、调节自我感受而无须大人的帮助，这意味着婴幼儿将认识到"我真的害怕，我要它马上停止"和"我感到有点不舒服，我不太确定是不是能适应"之间的区别，并根据不同情况做出反应。良好的亲子关系意味着父母要把自己的预判放在一边，学会调准频率，接收我们的小宝贝发出的信号。这样我们才能做到经常性地给予正确的回应（当然，不可能总是对的）。在我们的回应不够正确时，我们可以通过拥抱和亲吻加以弥补。

　　婴幼儿依附感的形成也经常被说成是人生仅此一次的机会——"你最好一开始就弄对，一旦做错，你的孩子就完了！"当然，婴幼儿的大脑发育是非常迅速的，生下来的第一年确实是最重要、最敏感的时期。然而，尽管婴幼儿的确会在早期依附模式中发展出其未来人际关系的内在工作模型，但把依附感视为永远一成不变的东西，也是极其轻率的。人的关系模板非常精细，它的形成和发展不仅贯穿了人的整个童年，也贯穿了人的各种不同的关系，甚至会贯穿人的一生。每个片刻、每次互动，都会反映在我们与孩子之间的关系模式上。建立良好的亲子关系是个连续不断的过程，我们在这个过程中学会了如何认知孩子不断变化的需求，并探索如何用最好的方法给予满足。建立良好亲子关系的关键在于父母要掌握从工作模式切换到亲子模式的方法，要能随时从"结果优先"转换到"过程优先"，并真正倾听孩子们的心声。

何时说，怎么听

父母常常自认为有一项职责，就是在与孩子对话时应当传授知识，或对其行为予以指导。我们总认为自己懂得很多（确实通常如此），而且，当我们时间仓促又自信懂得很多时，一般也就没有兴趣再花费时间听孩子说什么，而是直接告诉他们答案。我们会因为孩子总是做傻事而生气到抓狂（"我简直不敢相信，你竟然把它丢在雨里！这是你妹妹最喜欢的玩具，你把它毁了！"），或者我们会直接给出解决方案，而不是花点时间帮助孩子理解事情本身（"去给妹妹道歉，把你自己的玩具送一件给她！"）。我们会反应、能指挥，但就是不肯听孩子说话。

我指的是真正的倾听，不是仅仅收集主要事实。父母要闭上嘴巴，把判断先放在一边，要带着好奇心听取孩子说什么、怎么说。不仅要听懂他们的语言，还要理解他们的情绪和意图。当我们不能本着积极的态度倾听的时候，我们常常会直接跳到结论，而结论往往并不完全正确。我们会立马开始责备孩子，或者直接拿出解决方案，可是孩子却跟不上节奏，因为他们还没走完理解问题的过程。这种直接跳到终点的做法，让我们从根本上搞错了与孩子沟通的目的。在工作中，同事走过来和我们说话时，通常是寻求一个确切的答复或针对某个问题的解决方案。他们往往都希望立马得到现成的答案，越快越好！

处于工作模式时，我们全都训练有素，宛如以解决方案为目标的追踪导弹。但是当孩子与我们互动时，他们的沟通目的却是不同的。孩子并不是来找我们索取答案，而是在努力理解问题本身。孩子要通过与我们之间的互动去探索发现他们自身的奥秘和周遭世界的奥秘。他们期望能通过与我们的联结，理解自己当前所处的状况和感受到的情绪（并想知道这样的感受是否正常）。他们不需要立马得到一个答案，而需要我们帮他们理解状况本身，理解他们对这个状况的感受。一旦理解充分了，他们自己就能找到答案，而这便要求我们把自己的建议和判断放在一边，和孩子一起领会他们当下的处境。

对父母来说，学会按下暂停键，流露出好奇心，忍住总想提建议的欲望，其实是十分辛苦的，尤其是在时间紧张的情况下。在你看来，解决方案那么明显，或者孩子那么紧张不安，或者问题看上去十分令人担忧，这些都会让你忍不住。但是，走捷径直接给出解决办法，无疑会让你错过真正倾听的机会——错过试着从孩子的视角去看世界的机会。

设想一下如下场景：

家长：怎么啦？你怎么这么不安？
女儿：埃莉欺负我！
家长：她做什么啦？
女儿：她说我的头发像狗熊。

听起来熟悉吧？现在，家长如何继续上面的对话，有两个可选方案。方案一是直接给她现成的解决办法，既快速又高效；方案二是与孩子建立联结，赋予她独立管理情绪和未来人际关系的能力。

方案一：
家长：别傻了，你的头发很好看！别理她／告诉老师／不跟她玩了／告诉她，她是个笨蛋。（根据父母自己的价值观／喜好选择用语。)

方案二:

家长:这确实不太好。你是什么感觉?

女儿:我感到很难过。

家长:我理解你。有人说这么可怕的话确实不好。不过你认为她为什么会这么说呢?

女儿:因为我的头发太卷了,没法编成辫子。

家长:但是长一头卷卷的头发有什么错吗?

女儿:埃莉的头发是直的,她编了辫子,可是我没办法编,因为我头发不够长。

家长:所以你觉得,她这么说你,是因为你的头发和她的不一样?

女儿:我猜是这个原因。

家长:可是你的头发和她不一样,有什么不对吗?

女儿:没有。但是她这么说话,太不善良了。

家长:她故意说这样的话确实不善良。我一点也不奇怪你会生气。她这样说话确实不好。

女儿:嗯。

家长:那你有没有想过,接下来你要做些什么呢?

女儿:如果她再这样说,我就告诉她,不要再说这种无礼的话,不然我就去和詹妮玩。

家长:听起来不错,是个好主意。你现在好像心情好点儿了。

女儿:是的。不过我还是想你再抱抱我。

家长:好呀!来抱抱!

方案二比方案一要好很多，它既有助于提高孩子的情绪管理能力，也有助于父母与孩子建立良好的亲子关系。在方案二中，父母对孩子是接纳的，也表达了好奇和共情。孩子的忧虑和情绪没有被忽视或者被判决。父母通过询问了解了问题所在，而不是简单粗暴地做出宣示。父母也接纳了孩子可以有不好的感受。当父母运用方案二，孩子在结束对话走开时，会感到她通过亲子联结寻求安慰的需求得到了满足，并对自己在生活中经历的事情有了更好的理解，同时也满足了自我发展的需求——学习了独立解决问题和自我规范，虽然她自己可能还没意识到这一点！在方案一中，父母离开孩子时会感到满足了他们自己的需求——快速有效地解决了问题，也给孩子提供了建议（但是，天知道孩子感觉如何——反正父母并没有停住脚步去探究）。

方案二确实要花更多时间，对于职场父母来说，可能有点难以做到。（"你开玩笑吧？我可没这么多时间跟孩子磨磨蹭蹭！"）但是，两个方案花费的时间其实差距很小（方案一用了4秒钟，方案二用了1分钟）。你不可能每次和孩子对话都选择方案二，这没问题——本来就没必要每次都那样。牢固的亲子联结并不需要你每次都做正确的事情，只要经常做到就可以了。（如果你需要一个具体数字的话，调查研究显示，只要有30%的"正确率"就足够了！）当你确实有急事，根本没空搭理孩子时，偶尔也可以采用"错误"的方式。这样做，你的确很容易忽略孩子的想法和感受（毕竟，他们不合逻辑、夸大其词或者做傻事的次数实在太多了），并直接跳到主观臆断和解决方案，但这并不会让你从此变成一个可怕的家长，也不意味着你的孩子从此就完了。只是你要努力做到自我反省、自我宽恕并回到正常轨道上来。如果你错过了某个时机，可以在事后进行一番回顾："嗯，之前听你说，埃莉嘲笑你的头发。我思考了这件事，发现我当时说的话不对。当时你看上去很烦恼，我却没好好听。现在你感觉怎么样？"对能够增进亲情的时刻保持警觉，能帮助我们尽快找回那些时刻，以便我们采取一些补救措施。

建立亲子联结的快捷方式

父母与孩子建立亲子联结，往往只需要几分钟时间，根本不必按天计算。它不仅要靠一起度假和短途旅行，更要靠父母工作之暇的那些琐碎时光。这意味着职场父母要能随时关闭效率思维模式，学会在短暂的时光里真正与孩子共处，充分享受点点滴滴的时光，从而建立融洽的亲子关系，创造积极的动态联结。在建立积极的亲子关系方面，有许多事情是父母可以做到的，并且不会与工作时间发生冲突，也不需要占用大块时间——付出小小行动，就能收获硕果。

■ 和孩子一起玩游戏

对于你与孩子相处的那些点滴时光，你要确保不把它们全变成"有成效"的时间。你得留出时间什么也不做，同时留出空间让事情自然发生。一起做一些轻松的小游戏，或者随意走走，对孩子表达温情爱意。那些短暂而频繁的时光片段正是建立良好亲子关系的砖瓦。花 10 分钟和孩子踢球，或者把手机关掉半小时，和孩子一起看点有趣的片子（我和 10 岁左右的儿子就一起追电视剧《摩登家庭》）。总之，要致力于那些"短暂而常有"的欢乐时光，而不是偶尔才能安排一次的全天聚会。

亲子关系的健康发展要靠父母与孩子共同创造积极的生活体验，所以，父母要和孩子一起做那些你们都喜欢的事情。当你们真正享受那些时光时，面部表情和身体语言都会自然流露出欢愉之情。如果你们并不真心享受某项活动，面部表情和身体语言同样会出卖你们。因此，如果你内心非常讨厌拼图游戏，就要避免和孩子一起玩拼图，转而选择和孩子玩那些你真心喜欢并且时间允许的游戏。你可以设定一个目标，比如每天 15 分钟，全心全意和孩子玩耍（不要心猿意马）。如果你不止一个孩子，而他们的兴趣各不相同，你不太可能每天为每个孩子挤出 15 分钟，那就尽力而为吧，比如按每周来安排，但在陪每个孩子玩的时候，时间都稍微长一点。

和孩子玩游戏时，父母不要担任主导者，不要总是告诉孩子该做什么或者掌控游戏过程。我的意思是，你们要以联手互助的方式玩耍，彼此是平等的伙伴，能相互听取意见。总之，就像孩子们在一起玩那样。你要学会配合对方，暂时把你当父母的角色收起来，真真切切地玩耍。游戏形式可以不拘一格：一起追逐奔跑、角色扮演、联手建造某件东西、玩"抢对子"纸牌游戏、玩赛车游戏……玩什么并不重要，也不用玩很长时间，重要的是你和孩子都要全身心地沉浸其中，真正享受这个过程。当你们沉浸到游戏中时，就会进入一种"心流"状态，完全被当下这一刻所吸引，这不仅有益于增进亲情，也像服用维生素一般有益于人的身心健康。

■ 对孩子表达爱意

身体上的爱抚对于孩子和父母之间建立稳固的亲子联结有着至

关重要的作用。一个拥抱，一个吻，揉揉头发——这些动作都在传递接纳与亲密的感觉，令孩子感到被需要、被爱，并感到安全。孩子能否在温暖而充满爱意的环境中长大，直接关系到他们以后能否形成长期积极的心态。充满爱意的温柔呵护能增强婴幼儿的免疫系统。父母的安抚触摸会深植于孩子的大脑，让他们在童年时期更有能力调节情绪和消除紧张感。并且，爱抚能让孩子增强自尊、减少焦虑、建立信任。

当父母自己温情脉脉、充满爱意时，体内也会释放令人感觉舒适的化学物质，从而降低自身的压力水平，让心境更加平和。心境平和的父母真是幸福的父母。不过，随着孩子慢慢长大，他们也许不愿再让你当着他们朋友的面拥抱他们。（我真不想说，我对怀抱着小宝宝的爸爸妈妈们有多嫉妒！因为我的孩子已经是 10 多岁的青少年，不肯再坐到我的腿上了！）如果他们不想在大庭广众之下和你手拉手，或者接受你的拥抱，那么轻轻拍一下他们的后背，或者只是微笑、眨眨眼，都会让你们的关系变得不同，并一直保持亲密感。

■ 允许孩子打断你

记住，亲密关系是由无数的时光片段打造出来的。所以，如果你和孩子在一起，就要让他们能随时够得着你。如果你在做其他事情（如洗衣、做饭等不可避免的家务活），尽量允许他们随时打断你。每次孩子跑过来给你看一张图片或者提一个问题（如"爸爸，月亮为什么挂在天上不会掉下来呢？"），你要优先选择停下手头的事情，转身应答孩子。这种时候，是孩子在邀请你的参与，伸手请求与你的联结。

停下手头的事情，把注意力转向孩子，其实短短几分钟就够了。你和他们互动，回答他们的问题（不要说"自己上网搜！"），看看他们拿给你看的东西，听他们讲笑话并且笑起来。真的只要几分钟就行（是的，我知道你真的很忙）。随后，你派给他们一个任务去执行／去发现／去玩某件东西，就可以回到自己的事情上来了。

职场父母每天晚上都有很多事情要做。但是，如果我们总是忙忙碌碌，一刻也停不下来——"现在不行，我很忙。我在洗衣服，我过会儿再看。"——想想看，我们这样做给孩子传递了什么样的信息？注意力传达的是价值感，我们能注意到的东西，一定是对我们重要的东西。如果在孩子们眼中，所有事情都比停下来听他们说话重要，而且一贯如此，那这对他们意味着什么呢？当然，你不可能每次都做得到，但是，除非锅在火上真的要烧起来了，否则你都应当尽量停一下，满足孩子的需求（因为他需要你的注意），然后安排他们去做某件事或者找寻某件东西。

记住，这个时刻转瞬即逝，而洗衣服、做饭是可以等一下的，所以你要学会从工作模式中切换出来，捕捉那些时光碎片，去建立与孩子的联结。

思考小贴士：

你是否常常对孩子说"现在不行，我很忙"？那时候你在忙什么呢？如果中断两分钟，会有多大的影响？

▓ 建立独有的家庭传统

　　建立独有的家庭传统能增强你在孩子日常生活中的存在感，哪怕你的时间极其有限。定期安排一些小活动是很不错的主意，比如，妈妈总是在周末做煎饼；爸爸总是在星期六上午带孩子们去游泳。活动可以隆重一些，而频率低一些，比如，每个夏天去同样的营地游玩，或每年平安夜一起读同一本书。哪怕是非常细微的事情，比如，每晚睡前用同一句话道晚安，或每次去拜访祖母时讲同一个笑话。这些都会增强你们之间的联结，把那些散落的珍贵时光穿成一串"珠链"。

　　仪式和传统真的很有用，因为它们赋予了时间重要性。

　　家庭传统在家庭成员中所占据的位置比它们实际占用的时间要多得多。你可以时不时地谈论一下家庭传统，并表示期待它的下一次到来（"我正盼着星期六带你们去游泳呢！"）。你可以将家庭传统植入共享记忆（"还记得穿着比诺漫画短裤掉进游泳池的那个家伙吗？"）。家庭传统会让参与其中的人感觉很特别。因此，如果你没有太多时间陪伴孩子，就一起重复做某件事情，以传统为经、时间为纬，把原本细碎而分散的时光织成结实而华丽的"锦缎"。

　　家庭传统和仪式不仅能把家人团结在一起，而且能赋予孩子归属感。它们是一个家庭独有的文化，能给予家人身份认同。它们能帮助父母和孩子共同建造一个"幸福记忆银行"，能对孩子的情绪恢复起到积极作用。记忆是可以储存在头脑中并随身携带的，它会永远和人在一起。你可以随时拈取一段幸福的回忆，让此刻的自己高兴一下。所以，拥有一个"幸福记忆银行"，有点像在孩子（和你自己）的头脑中开辟一块"幸福角"，让每位家人都能随时造访。你可以讲讲你们一起做过的有趣的事情（"还记得老爸扮成维多利亚女王的模样吗？"），重温过去的仪式（"还记得你一点点大的时候，我们常常对着风车挥手，喊它'慢性子先生'吗？"），这样可以让这些记忆牢牢扎根在孩子的脑海中，并使亲子联结更加紧密。

> 思考小贴士：
>
> 你们有哪些家庭传统和仪式，它们给你和孩子带来了哪些有规律的、意义重大的时刻？把你想到的写下来，并询问孩子哪些是他们一天／一周中最喜欢的时间，以及去年他们最美好的记忆是什么，把他们的答案和你写下的内容进行对比。

■ 即使不在孩子身边，也能与孩子建立联结

如果你由于某种原因不能陪在孩子身边，那么打电话或视频聊天是不错的选择。这样可以让他们知道，即使你不在家，也依然惦记着他们。如果你不得不离开孩子，无论是定期的，还是偶尔一天，你都要想办法让孩子知道，他们对你有多重要。你可以通过视频给他们讲睡前故事，或者通过 FaceTime 给他们读书。

如果你在某个特殊时刻不能陪伴孩子，要提前做好规划，让孩子知道你在精神上和他们在一起：给他们发一段有意思的文字或一张有趣的照片；在他们的午餐便当盒里放一张便条；或者在家中某处藏起来一个惊喜，给他们留下找到它的线索。（不需要准备昂贵的礼

物，只要在他们最喜欢的泰迪熊身上贴张便条"我欠你一个拥抱"就很棒了！）要想让某个时刻有意义，并非一定要你亲自在场——只要找到方法与孩子沟通，就能让孩子有和你在一起的感觉，即使你当时并不在他们身边。

■ "你今天做什么了？""我什么也没做！"

"我努力去和孩子建立联结，但是他根本不理我！"每次我眼巴巴地问儿子，"你今天上学怎么样？"得到的答复都是干巴巴的"挺好。"基本上没有哪个孩子喜欢被父母主动盘问（但是当你想让他们闭嘴时，他们偏又安静不下来）。当父母直接询问时，孩子们经常闷声不响并立刻关上心门。如果父母习惯了立即开启"警察模式"，他们就更是如此。"你今天在学校做了些什么？"通常会被解读为"你今天做了什么需要我过问一下的事情吗？"孩子通常不会回答这种问题，以免答错，引起不必要的麻烦。

好吧，要对付这种情况，有个见效极快的方法可以试试：父母要先行一步。你可以先开口谈谈自己今天上班的情况，说说天气怎么样，午饭吃了什么，今天上班路上看到有个人摔了一跤……随心所欲，信马由缰。当然，你要说得风趣一些，让孩子能高高兴兴地接上话茬儿。没有明确目的的闲聊更能勾起孩子说话的欲望。谈谈你自己、你们的邻居、某个家庭成员、狗狗、孩子的朋友们。一起看电视，聊聊孩子最喜欢的电视节目中的角色。孩子常常会兴致勃勃地和你一起谈论其他人（真实人物或虚拟人物），而他们说话的方式能让你真正地了解他们的思考过程和观点。电影中的故事情节也是聊天的好话头，可以借此引出友谊方面的话题。名人逸事则是开启社会话题和情感话题的钥匙。如果你想和他们讨论"付出与收获"，那就聊聊体育。总之，学会间接、婉转地开启话头，你会从孩子那里得到大量的回应（从而获得对孩子更深的了解）。

你要尽力避免把每场对话都当成向孩子发送信息（或强迫孩子提供信息）的机制。如果你下班后踏进家门时便像抓着一张表，上面罗列着你要和孩子交谈的事项，那结果一定不会如你所愿。你应当从漫无目的的闲聊开始，随着谈话的逐步深入，重要的东西自然而然会在适当的时候呈现。

平日点点滴滴的交流，才是把你们的心系在一起的"金线"。

肩并肩说话比面对面交谈更能让孩子敞开心扉。所以，你要充分利用开车旅行的时间聊天，那几乎可以做到无话不谈。我认识的一位妈妈就经常这样做，一旦她跟 10 岁的儿子关系变得紧张了，她就开车带他出门兜风。俩人在车上聊天，便能交流一些平时比较难以沟通的话题而不发生争执。有时你会发现，你在开车送孩子去上大提琴课时，一路闲聊中他告诉你的东西，是他在其他场合根本不会说出来的。就算在家里，你也要试着和孩子并排坐在沙发上聊天，或者睡前在床上搂着他谈谈心。

亲子关系总会遇到某些艰难时刻。孩子们通常并不会直接过来找爸爸妈妈，用最甜蜜的声音诉说他们是生气了还是疲倦了还是害怕了。孩子的沟通方式较为间接，且经常用行为表达内心的情感。但是，如果你能与孩子建立积极的亲子联结，那么克服这些艰难时刻就会容易得多。良好的亲子关系一定是回报大于投入的，能给我们带来愉悦感、亲密感和感情寄托——而这些正是支撑辛苦工作的父母继续奋斗的精神支柱。

行动小贴士：

◎下一次，孩子带着问题来找你的时候，不要直接告诉他应该怎么做。你可以向孩子提问，帮助他弄清楚问题本身出在哪里。如果是情绪问题，指出他正处在什么样的情绪中。在问题澄清以后，把它还给孩子（"所以，问题是……"），询问他对这个问题有没有什么想法，他认为应该怎么做。

◎找一个合适的聊天时间，比如开车时、晚饭后，或者睡觉前孩子依偎着你听故事的时候，给孩子讲讲今天遇到的一些让你感到高兴、奇怪、滑稽或者有趣的事情。

● 第 4 章 ●

为玩耍腾出空间

玩耍嬉戏与工作模式下的效率思维是背道而驰的。人们玩耍是为了开心愉快，而不是把它当成实现最终目标的手段。对于早已不堪重负的职场父母而言，玩耍的精神反而有可能使之摆脱"战场"，让一切变得值得。只是我们要为玩耍腾出空间。对孩子来说，玩耍嬉戏本身就是目的，是孩子智力开发的驱动力，也是他们童年的魔力所在。它是幸福家庭必不可少的构成要素，不光孩子需要，父母也需要。如果把玩耍嬉戏从亲子关系中剔除，剩下的就只有单调烦闷的"苦役"了。

"但是我们实在太忙了，哪有时间玩！玩又玩不出成绩，还有那么多事情要做呢！我们有责任在肩！玩闹只会弄得到处凌乱不堪，既麻烦又没好处！"当我们以完成任务为先的时候，"玩"就是最先被抛弃的——被沉重的精神负担压得没了踪影。同时迫使我们放弃玩耍嬉戏的还有电子产品的出现、超负荷的工作计划表、不愿让孩子冒险的心理，以及我们筋疲力尽的状态。有点讽刺的是，效率思维一直在暗示我们没有时间玩，然而玩耍嬉戏却正是抑制效率思维的"良药"。

我仿佛听见了你的疑问："可是我们每个周末都在围着孩子转啊？"带他们去宠物农场、足球场和中世纪古堡，难道这些不算玩耍吗？我打赌，你们上次去参观城堡，孩子们唯一觉得好玩的，是在城堡外面的草地上，爸妈坐着啃三明治，而他们跑来跑去假装是骑士和公主的时候。我还可以打个赌，如果他们在城堡里面跑来跑去，一定会被喝止说只能走不能跑。在公共场合，玩耍受到了严格的约束——比如，得穿上有教育意义的农民服装，或者装模作样地吃虚假的中世纪食品（孩子们并没有对这些活动流连忘返，对吧？因为他们其实不怎么感兴趣）。

　　孩子的玩耍嬉戏正越来越多地被限制在特定的时间段和专用场地中。他们留在家里和在监护之下活动的时间比以前更长。父母把孩子带到指定的地方去专门玩耍——我们放弃自己的时间，带孩子去俱乐部、主题公园、宠物农场、充气城堡。在那儿，孩子们的玩耍全都是被设计安排好的，有人掌管，有人协调。孩子的玩耍嬉戏变成了需要大人购买的商品。父母痴迷于确保孩子能加入所有"正当的"俱乐部，参加"有益的"课外活动，似乎一旦我们没能让孩子同时参与好几个体育项目，学习某种乐器并加入法语／国际象棋／戏剧俱乐部，他们就会感到失望。但是，让孩子们在户外的街道上玩一会儿，不要盯着他们？不行，坚决不行！随着车流量增加、科技日益发达和我们对安全的顾虑越来越多，孩子们越来越难以体验真正自由、随兴的户外玩耍嬉戏。

　　连哄带骗地拖着孩子驱车往来于俱乐部、排练场和赛场之间，并不能让家庭生活变得更开心。令人哭笑不得的是，职场父母往往责任心过重，总觉得太忙太累，没时间玩耍，然而玩耍嬉戏正是能让生活变得轻松愉快的"魔法棒"。玩耍能促进孩子的成长发育，让亲子关系变得融洽，巩固家人之间的联结，增进每个人的身心健康。留出更多玩耍嬉戏的空间，会令你呼吸通畅、情绪放松，你会笑得更多一点（生气相对少一点），为身为这个家庭的一员而感到由衷的开心。

孩子的大脑靠玩耍塑造

玩耍之于儿童的成长发育，正如燃料之于发动机。孩子能做的最重要的事情就是玩耍。他们通过玩耍开发大脑和身体，并认识这个世界。正是通过玩耍，孩子逐步理解人和人际关系，并发展出为人处世的核心技能。玩耍正是童年的"功课"。

婴幼儿要认识这个世界，不可能只靠旁观凝视，而是要通过身体和感官体验：对于各种新奇事物，他们要触摸、品尝、观看、投掷、跳跃、攀爬。如果你在某个 5 岁小孩面前举起一只球，问他如果你松开手会怎么样，他将告诉你球会落在地上（当然，他很可能会附赠你一个困惑的眼神，不懂你为啥问这么傻的问题）。这个 5 岁小孩对万有引力已经有了清晰的功能性理解，但他显然不是听了什么人对万有引力的讲解才懂得的。那他是怎么学会的呢？是通过投掷东西，往地上丢东西，自己摔跟头……一句话，他是在玩耍过程中悟出来的。

高品质的玩耍将会促进孩子的智力发育。孩子一生下来，大脑中就布满了神经元，像一根根长长的线。当他们通过玩耍与周遭环境发生互动时，这些脑细胞就会联结到一起形成通路和网络，用以存储知识和技能。玩耍是真真切切地在塑造孩子的大脑。孩子们需要玩耍的机会，而且玩耍的内容要尽可能宽泛和多样化，让他们能够以多种不同的方式与周围环境互动，从而实现大脑神经元的最大化联结。孩子玩耍的花样越多，大脑的适应性就越强。玩耍也有助于开发身体技能。以玩耍的方式与环境互动，能强化肌肉，并提高孩子们的运动技能（对于奔跑和踢球有好处）和身体灵敏度（对于写字这样幅度小但控制要求高的动作至关重要）。

孩子们需要内容多样的玩耍，以便他们获得成长为聪明机智、事业有成的大人所需的全面的技能和知识。他们需要有组织、有安排的游戏（从中可学会遵守规则、服从领导和熟能生巧），需要团队竞赛（从中可学到策略、合作、社交和情感技能），需要和父母玩、单独玩、和比自己小的孩子玩、和不同年龄的孩子玩、进行各种比赛等。但特别重要的一点是，他们需要自由的玩耍。

自由玩耍是指由孩子自己主导、自行推进的玩耍。孩子自己行动，没有人告诉他们该做什么（也没有电子屏提供指示）。自由玩耍没有预设好的外部目标，也不用大人组织安排，孩子们完全凭借想象力和喜好自导自演。他们可能用柔软的沙发垫子堆出一个巢穴，假装这是动物园，然后解放动物园里所有的小动物（玩具），领着它们攀登沙发垫子垒成的山脉，穿越由盆栽植物长成的森林，最后抵达用鞋子建造的城市。哎呀！城市被一个巨魔（玩具娃娃）霸占了！自由玩耍就是允许孩子们自行大开脑洞，随意摆布自己的宝贝装置。通过玩耍，他们认识到，树枝会浮在水面上，石头会沉下去，水会流动（还会湿透袜子）。对于孩子的成长发育，任何课外活动都不可能和自由玩耍相提并论。

为什么玩耍对父母也有益

许多职场父母都会陷入的一个思维陷阱是：一定要把家庭生活安排得井井有条，这父母当得才算是略有成效。我们对马不停蹄地完成待办事项很有成就感。"看！我全部搞定了！我给小家伙们顺利套上了衣服，喂饱了他们的肚子，准时把他们送到了学校！伊森是本周最佳球员，艾米也通过了初级考试。我这周甚至还和杰克玩了会乐高……我已经累散架了，不过作为父母我成功在望！"但是，如果没有玩耍嬉戏的"魔法"相助，超满计划、过度组织的生活简直就是一场"苦役"。

创造玩耍嬉戏的空间，不仅是为了让孩子在"有趣的妈妈 / 爸爸"选项框里打个钩。玩耍对我们自身也大有益处。真心实意与孩子一起玩，会直接给你带来有益身心健康的五大基本元素：

- 积极的情绪
- 参与感
- 意义感
- 良好的亲子关系
- 成就感

玩耍总会带来积极的、令人愉快的情绪——喜悦、热情、兴高采烈（如果你在玩耍时没有得到这些感受，你就不是真的在玩，而是在敷衍孩子）。真正的玩耍要求你全身心投入，进入"心流"状态。它是正念的缩影。当你观看孩子们玩耍嬉戏时，你不可能没有感触——他们完全被自己正在做的事情吸引着。真实的玩耍就是要求你关注当下，并进入全神贯注的状态。在这样的状态中，我们不再有自我意识，而是完全沉浸于当下这一刻（如果你想体验一下真正的沉浸式游戏带来的不同感受，试试向孩子挑战"抢对子"纸牌游戏，并且打赢他）。能够进入"心流"状态的活动始终是与降低压力、有助于心理和情绪健康相关的。所以，做有趣的父母，对父母自身也是真真切切大有裨益的！

思考小贴士：

　　你上一次与孩子玩耍时真正感到玩得开心、沉浸于当下，是什么时候？

　　你是否能做点什么，让那种时刻更经常再现呢？这会对你有何影响？

　　玩耍不仅会让亲子关系变得更加融洽，也会让你感到自己是个更好的爸爸／妈妈，让你感到自己作为父母所做的每件事都很有意义。如果用处理待办事项清单的方式来管理家庭生活，你会永远感觉自己做得不够好，因为清单上总有未完成事项，而当我们充满童心和孩子一起玩耍时，就仿佛走入了一个不一样的境界，陪伴孩子的意义完全显现出来，闪闪发光。这正是我们当初生儿育女的初心所在啊！我们铭记在心的这种情感，其实来自自己的童年，并且这种充实感和幸福感会进一步催生更强大的能力感——我们终于能在父母之道的修炼中提升一级了（洗再多的衣服也不可能给我们带来这样神奇的感受）！

　　和孩子一起玩耍，既能增强父母与孩子的联结，也能进一步加深父母对孩子的理解。

　　当孩子们一起玩想象游戏时，他们会进入自己扮演的角色，同时会对游戏伙伴保持关注和开放的态度。他们相互领会对方微妙的信号，交流彼此的想法，还会进行复杂的谈判——比如，就某个玩具是铲子还是平底锅达成一致意见。如果你能放下"我是个成年人"的意识，做个和孩子平等相处的小伙伴，哪怕只是短暂的一小会儿，它都能帮你舒缓压力。它会激活你的工作模式 / 亲子模式的切换开关，并在营造良好的亲子关系方面给你带来巨大的好处。玩耍要求你调整自己去适应孩子、去解读他们的心理和意图，并且和他们平等相处。它要求你和孩子彼此信任，进而加深相互间的理解。你和孩子在一起时保持童心，也向他们传达了一种接纳感——它向孩子表明，你喜欢他们，是真正喜欢他们本来的样子，而这对于培养孩子的自尊真是太重要了！当然，父母也会得到同等的回报。

即使父母本身不参与孩子的玩耍，腾出玩耍的空间对职场父母仍有很大好处。为孩子创造独立自由玩耍的空间，能让职场父母得到更多休息放松的时间——他们太需要这个了。当孩子到处收集树枝搭建蚂蚁城堡的时候，你大可坐在长椅上晒晒太阳、喝杯饮料，或者和朋友聊聊天，或者读本书，或者听听手机里的节目，或者抓紧时间完成吸尘任务（如果你非做这事不可）。让孩子去玩耍，不仅没有耗费你的时间，还能帮你省出时间，调整身心。

思考小贴士：

本周内，每次和孩子一起玩耍结束后，给以下这两项内容打分（"迄今为止最棒"为 10 分，"太可怕了"为 1 分）：你认为孩子有多喜欢这次玩耍？你自己有多喜欢它？

如果你自己的喜欢程度只有 5 分甚至更低，想一想，下次你该怎样做才可以让活动变得更有趣？或者干脆下次尝试另外一个游戏。

让你的孩子也对上述两项内容打分，并和你的打分情况做个对比。

给繁忙的生活腾出玩耍的空间

　　有些父母是很擅长玩耍的，有些则不行。许多成年人早已失去了孩提时代的玩耍本能，并且发现放下成年人的心态十分不易。以前，我的孩子们把恐龙和农场动物混为一谈的时候，我也时常恼火（天哪，它们存在的时代相差得太远了吧）。我们的工作模式已根深蒂固，凡事皆有计划，这让我们很难跟上孩子混乱无序的玩耍嬉闹的节奏。有些父母很难摆脱教练的角色去做与孩子平等的游戏伙伴——他们总是在活动中寻找学习要点，试图指挥和控制，而不是听从孩子的引领，做到纯粹为玩而玩。

　　如果你是这样的，那我建议你先来点"弄虚作假"。随着玩耍次数的增加，你的感觉会越来越好。假装你自己只有 6 岁。摆脱你的家长身份，让时光倒流。一开始，你可能感到有些怪怪的，但你会越来越得心应手，也会越来越享受这种状态。不管孩子在玩什么，你只管去加入他的游戏。如果他在和几个公仔演一幕戏，你可以另外拿一个公仔（或者布娃娃、泰迪熊）直接进入戏中，或者征求孩子的意见，让他当导演。你要保证自己完全参与到他的想法里面，而不是带着你成年人的头脑来组织这场游戏。如果在玩的过程中，你脑子里突然冒出来一个点子，可以试探性地提建议（"我们可以假扮成那些正在进攻他们世界的巨人。""我们是不是应该搞些砖头来，建个城堡给他们住？"），但要确保你是服从者，而不是主导者。如果孩子一时没有主意，或者不习惯你以这种方式陪他玩，你可以拿点道具（如帽子、围巾……）来激发他的灵感，并挨着他坐或躺在地板上。用傻萌傻萌的腔调说话，看看他是什么反应。如果时间短暂，你可以在手机上设个闹钟，这样就不用频繁地抬手看表了。在闹钟响起来之前，你可以自由自在地跟随游戏的进程，看看这次玩耍会进行到什么程度。如果你不喜欢这个游戏的进程怎么办呢？捣个蛋搞砸它！就像 6 岁小孩那样！

如果孩子的确还很小（不超过 3 岁），你不妨花点时间观察他们如何玩耍。你不用参与，只要站在近处看着，观察他们怎样和周边环境及其他小朋友互动，他们正在练习什么技能？他们已经掌握了什么技能？你坐在一边，对孩子自发的玩耍进行观察和思考，而不要试图去控制或干预。这是一种非常强大的体验，能实实在在帮你理解孩子的成长发育水平以及他们如何进行玩耍嬉戏。当然，这也给了你喝杯茶放松一下的最好理由！

和大一点的孩子一起玩耍时，要尽量克制自己，不要总显摆你是个"专家"。找一些游戏规则更公平的竞技游戏，而且父母不要负责指挥。和孩子同时学习一项新技能是一件很棒的事，你不妨去当地的大学或儿童中心看看有没有让你和家人一起学习的机会，或者选择一些真正有教练在负责的活动，这样父母就能成为真正的参与者。如果你整个下午都有空闲时间，而孩子又热爱探险，那就可以选择一些比较刺激的活动，比如森林高空踩绳就特别棒，既有趣又有助于家庭团队建设——特别是在孩子必须帮着父母绕过某个障碍的时候；或者试试以手气为主的棋盘游戏，全家人可以一起玩，而且任何人都有可能赢；或者找一些相对安静的活动，比如一起涂涂色（给每个人买一本涂色书，这样你就可以真正埋头专心涂色，没心思再去指挥孩子了）；或者帮助孩子搭建你俩都从来没玩过的乐高（如果有拼装指导书，把它给孩子，让他负责，你只要依从就好）。无论孩子对什么感兴趣，你也表现一下兴趣。做他们的玩伴，而不是教练或者老师。如果你的孩子 10 多岁，总是沉迷于某一款电子产品或游戏，你为什么不偶尔参与一下呢？让孩子在游戏中感觉到人人平等（或者感觉他比父母还擅长某件事），这将大大有利于增进你们的亲子关系。

我的意思绝对不是要你一直陪着孩子玩。（我发誓，我知道你有多忙！）为玩耍创造空间，有时其实就是字面上的意思——你只要准备一块能让孩子天马行空的想象力自由发挥的地盘，然后把他们扔那儿就可以了。如果你想让他们自由玩耍，就要把环境搞得有趣一些。不过，孩子所需要的"有趣环境"不一定要堆满了玩具——和堆满玩具的房间相比，少一些选择的空间常常能让他们玩得更起劲。如果孩子面对着一大堆玩具仍然容易厌烦，那你就把3/4的玩具收起来放到别处，每隔几周拿出来换一换，也可以和朋友们交换玩具，或加入一个玩具俱乐部。孩子们天生热爱新奇，你可以给他们一个惊喜，看他们是什么反应，比如送他们一箱厨房用具，或者满满一箱他们从来没见过的旧衣服。但过一个礼拜，你要趁着他们还没有玩厌，就把这些东西收走。要着重给他们提供有很多种不同玩法的基础游戏材料，比如从废品盒开始——往里面扔点布头、烟斗通条、大铁夹子之类的东西，然后让孩子们随便摆弄它们，而你就可以抽身去做些别的事情了（也可以喝杯茶放松一下——随便你啰）。

父母约束或限制孩子玩耍的一个重要原因，就是孩子很容易把家弄得乱七八糟，平白给父母多出一项清扫工作。而且家里空间小，孩子的玩耍嬉戏会显得特别吵闹。如果这对你是个问题，你就尽量让他们到户外去活动。在自然环境下进行的户外活动对孩子的发育极为有益。对孩子来说，户外环境是感官信息非常丰富的环境，无论在都市还是乡村，永远都有那么多的东西要观看、感受、嗅闻和倾听，而且事物永远在不停变化。人和动物不时出现且在四处走动；天气每天都不同；他们会接触到水坑、影子、雾和风，拥有很多个探索和学习的机会。家人一起出门散步时，要按孩子的速度走（哪怕你们只走了 100 米）；或者在公园里坐一坐，让孩子在草地上翻跟头打滚，而父母就可以有 5 分钟的自由呼吸时间；给他们一把小铲子，让他们在花园里玩泥巴；给他们几件旧衣服，让他们把里面塞满树叶，变成稻草人；带他们到树林里去收集树枝，为昆虫建造一座迷你村庄；或者冬天带着手电筒去沙滩散步。如果你没办法走那么远，也可以给他们一截粉笔，让他们在户外的一面墙上画画，以后你用水枪或喷壶洗掉就可以了。所有这些活动不仅可以促进孩子大脑的发育，而且可以促进父母的身心健康。它们正是制造幸福记忆的素材！

也许你们没有大花园，住的社区也不太安全，但所有的孩子都需要与大自然接触，需要花时间撕扯花瓣、看苍蝇清洁翅膀、挖沙坑、收集石子、用皮肤感受青草地，还有从小山坡上滚下来，给身上弄几块擦伤。你要克制自己，不要那么频繁地说"不行"，就任由他们搞得乱糟糟，制造点破坏；任由他们拆散玩具研究内部结构（也许没办法再把它们拼装回去）。这些都是为了让孩子通过玩耍变得更加灵活、坚韧，因为在玩耍中他们要克服障碍、设法对付不可避免的挫折和失望。我向你保证，比起逼着孩子练习其深恶痛绝的小提琴，你放手让他们玩耍绝对更有利于他们的成长发育。

厌倦并非全都无益

做个好爸爸 / 好妈妈，不是要你把孩子醒着的每分钟都填得满满的，更不是要你去干涉孩子、代劳他们的想象，或者告诉他们怎么玩得更好，或者在他们玩厌了手头玩具的时候抓起另一件玩具塞过去。所以，不要让那句"我玩厌了"勾起你的愧疚感，让你觉得必须赶紧做点儿什么（或忙不迭地把 iPad 递过去）。孩子的天性就是玩，那是他们成长发育的发动机，而这种天性也必然使他们讨厌乏味无聊的感觉。孩子的大脑会持续不断地吸收和探究新事物，但如果父母老是主动去满足那台"发动机"（玩耍），孩子就不会对着一样东西探索各种不同的玩法了。厌倦并不是童心的敌人，而是它的必要组成部分。厌倦对孩子是有益的，因为它能激起好奇心。厌倦只是灵感的火花闪耀之前的片刻沉闷而已。

如果我们总想着要消除孩子的厌倦感，那么他们玩耍的内容便会严重贫乏。

学会运用想象力，不仅可以拓宽孩子的视野，还可以赋予他们极佳的能力去应对生活的挑战。想象力会引导孩子以新的方式与周遭环境互动，引领他们去发明、探究、创造、调整秩序、调查研究。如果孩子一感到厌烦，大人就插手干预，他们就无法学会运用想象力战胜厌倦感。想象力是一种习性，它与肌肉相似，需要孩子通过不断实践、反复练习才能形成。如果孩子总是伸手就能抓住电子屏，轻轻松松就消除了厌烦情绪，想象力的火花就失去了闪耀的机会。

如果孩子感到厌烦，那是件好事，你要为之庆贺！父母必须让孩子动脑筋去克服厌烦情绪，不要总觉得有义务找新东西帮孩子消除这种情绪。你只要说："这太棒了！你打算怎么办呢？"接着后退一步，给他们时间，任由他们困在厌烦情绪里，直到灵光闪现。因为玩耍的新点子需要一点空间才能发芽生长。

如果孩子实在想不出什么可做的事情，你可以给他们安排一个任务。("要不要试试看你在花园里能发现多少种昆虫？")如果他们不喜欢这个，你就说："好吧，这只是我的主意。你不愿意没关系，不如自己想想办法？"消除孩子的厌烦情绪并不是父母的职责，父母的职责是在孩子寻找解决办法时保持平静和耐心。不要屈服于他们的胡搅蛮缠，轻易帮他们动脑筋，而要让他们学会管理自己的厌烦情绪，这是极其重要的生活技能。所以，父母得把目光放长远一点。孩子只有通过不断练习，才能学会如何解决问题——而厌倦感正是孩子要面对的最大问题，会牵引着他们去开动脑筋、寻找创意！

为玩耍嬉戏留出空间吧，让欢娱回归家庭生活。父母有时要参与玩耍，有时只需袖手旁观，任由孩子自娱自乐，自己也趁机放松一下。我有一段印象最深刻的记忆，是在我的孩子一丁点儿大的时候，某一天我突然意识到：玩耍并不是童年额外添加的调味品，也不是另一项需要尽力应付的育儿任务——它本就是童年的全部意义所在。那一刻我至今仍记忆犹新。我记得那是 6 月的某个星期一，阳光灿烂，我们在英格兰南部的沙滩上。整个沙滩就只有我们一家人。孩子们发现了一个大沙坑，一定是周末一些年龄大点的孩子在这儿挖的。他们快活极了，跳进沙坑挖隧道，在沙滩上自由自在地跑来跑去，又去玩逐浪游戏……多么诗情画意的童年时光啊！我灵光一闪，顿时悟到，孩子们此刻是幸福的！而平日生活里的其他事情——职场单亲妈妈的艰辛、无眠的夜晚、让孩子准时上床的斗争，以及每天毫不留情地砸向我的那一大堆事务——带来的所有烦恼，全都随着我当下的领悟烟消云散了。我看到了，此刻的玩耍与欢娱，便是养育儿女的全部意义。

行动小贴士：

◎和孩子一起尝试一种新的游戏。玩耍的时候，你要当一个平等的玩伴，而不是专家、教练或老师。

◎在当地寻找可供孩子户外玩耍并接触大自然的新场所，届时你可以边休息边看着他们玩，或者和他们一起玩。

第二部分

平静的家，幸福
的家

● 第 5 章 ●

关注就是你的"超能力"

父母为孩子的玩耍腾出空间、与孩子建立良好的亲子关系、走进家门之前做好充分心理准备，所有这一切都十分有助于创造幸福的家庭生活——既满足了孩子的需求，又有利于父母自己的身心健康。不过我们都明白，养育孩子永远不可能一帆风顺。孩子不可能天生就懂得社会对他们的行为举止有着什么样的期待——如何表达善意，如何管理情绪，想要某件东西时如何好好提要求，等等。对于职场父母来说，上了一天班之后回到家里，还要打起精神管教任性的孩子，实在是个巨大的挑战。父母能否找到适当的方法管理孩子的问题行为，决定着"家"将是一个温馨的港湾，还是一个令人头痛不已的战场。

孩子的有些行为是我们所有父母都想立刻叫停的——无论是放声大哭、大喊大叫、拿针戳幼小的弟弟、无视大人指令还是拒绝穿上睡衣。但是，如果所有的育儿工作都必须在从踏进家门到上床睡觉的这段时间里完成，父母就非常容易针对孩子的同一个不良行为陷入无休止的反复纠缠中："他做了（某件事），我们对他解释/吼叫/禁止他玩 Xbox，结果他还是照干不误，于是我们加重惩罚，把禁止他玩 Xbox 的时间拉长，可这看起来还是没有什么用。"辛苦工作一天之后回到家中，却要浪费宝贵的家庭时光去争论"谁先打了谁"或者连哄带骗地把大发脾气的小家伙弄去刷牙，这也未免太无趣了。更悲惨的是，每个夜晚都要在忐忑不安地等待下一场战斗的心境中度过。无论如何，这肯定不是我们心向往之的幸福的家庭生活。

有些父母向我咨询时，通常是想就一个问题获得干脆利落的解决方案——"怎么才能让我的孩子不再做（某件事）？"遗憾的是，孩子们降生时都没有配备遥控器或手柄，也没有什么神奇密码可以瞬间改变他们的行为。孩子是正在被雕琢的作品，幼稚任性是他们不可避免的特征！父母真正能控制的东西只有一样，就是自己的行为举止。父母想要改变孩子，必须先改变自己，而且着重改变自己向孩子投放注意力的方式。

对你的孩子来说，你就是世界、宇宙、宇宙中的一切——虽然我知道你自己未必一直感觉这么好。但你就是孩子的超级英雄，你的关注对孩子来说意味着一切——它如同魔法光束一般照亮孩子的生命，让他们充满活力并感受到与你的联结。孩子渴望得到你的关注，并非因为他们要扮演可爱的小主角，而是天性驱使他们去寻求这种关注：这对他们的成长发育至关重要。是的，关注，就是你作为父母的"超能力"。

无论何时，只要我谈及"关注"这个话题，许多职场父母的本能回应是"做不到"："我没法关注他们啊，我又不在他们身边！"随即他们又从"做不到"转向愧疚和自责："我从来都没法给孩子足够的关注，因为我要上班；等我见到他们时，我已经累得不行了。"于是，孩子对关注的需求又成了父母自我鞭挞的另一个理由。然而，我要谈的并不是关注是否足够的问题，而是在情况允许的时候，父母的注意力该放在哪里的问题。我们只要能摆脱愧疚感，敞开胸怀真心领会父母的关注对于孩子有多么重要，就能学会在运用注意力时多一点智慧。对于职场父母来说，给予孩子的关注与关注的焦点和强度有关，与次数无关。它并不要求你多挤出几小时（或几分钟），而是要你能明智地瞄准关注的目标，如此才能创造出增进家庭幸福的动力，并能对你所希望看到的行为大加鼓励。

在亲子教育过程中，绝大多数情况下父母是有选择的，然而我们常常不是选择当"警察"就是选择当"教练"。"警察"会抓住孩子所做的错事，把他们骂一顿；"教练"则会教导孩子怎么把事情做好。在我看来，积极的亲子教育确实意味着你要尽可能多点时间当"教练"，但我的意思是：你要能随时捕捉孩子的良好行为表现并鼓励他们继续保持。只有这样做，关注才是你的育儿百宝箱里最强大的武器。

孩子为何渴望关注

我们经常会以不屑的口吻谈论孩子寻求关注的话题，似乎这是一个令人生厌的性格特点（"他就是在搞怪，想叫人注意他。"），要么我们就会因孩子寻求关注而充满愧疚、不停自责（"她那么做都是为了让我关注她，因为我要上班。她跟我在一起的时间从来都不够。"）。不知为何，寻求关注仿佛成了一件坏事。然而，孩子想要获得父母的关注，完全是一种源于天性、发自内心、合情合理的欲望。问问任何一个不上班在家照顾孩子的父母吧，他们的孩子也一样会寻求父母的关注！

孩子从告别子宫的那一刻起，首要之事就是与围绕在身边的成年人建立联结，他们在寻求依附时堪比高效能导弹。一开始，他们会用美妙的气味、大大的眼睛和柔软的肌肤唤醒父母的感官，俘获他们的注意力。如果这招不灵，他们就会发出刺耳的哭声。这是婴儿谋求生存的基本策略——设法让成年人满足他们的需要。婴儿处于全然无助、发育不全的状态，如果不能让成年人心甘情愿为他们"当牛作马"，他们就有可能死掉。因此，婴儿会对照料他们的成年人给予足够的刺激，让他们即使在极度疲惫的状态下仍然愿意努力从床上爬起来，优先满足他们对进食的需求，而不是自己对睡眠的渴望。在孩子出生后的最初几年里，对孩子来说，缺乏照料者的关注是有生命危险的，所以成功获取父母的关注实在太重要了，而婴儿天生就知道该怎么做。

大人的关注不仅意味着可以保证孩子的安全、喂饱他们，而且会直接影响孩子大脑神经网络的联结，同时也影响他们如何理解周遭环境。温存而细心的照料者能帮助宝宝调节尚不稳定的身体和情绪状态。我们能通过回应宝宝的哭泣、安抚他们的情绪来帮助他们调节体内的激素水平，而这也会影响宝宝的大脑发育，以及他们未来将如何应对较大的压力。大人通过眼神接触的方式给予婴儿的关注，对婴儿来说是特别丰富的信息来源。大人的面部表情也是主要的社交参考信息源——孩子会观察成年照料者的面部表情，以此判断环境是否安全，或者了解某种情况是否会招来警告（或打趣）；他们也会观察大人对自己的行为会用什么表情来回应，从中获取相关经验。

关注对于孩子的重要性，正如阳光对于植物的重要性——植物向着太阳生长。随着婴儿渐渐成长为儿童，他们会在经验中悟出哪些行为最能吸引父母的注意力。经由反复试验、犯错与行动，根据不同后果，他们学会了怎样才能保持父母对他们的关注——重复那些最能成功吸引父母注意力的行为。

因此，无论你是回到家中还是去幼儿园接孩子，如果你一踏进门女儿便强烈要求你关注她,那完全是天性使然。她并不是在对"你去上了一天的班"或"我在幼儿园待了整整一天"这件事本身进行评判。她或许会有欢快、愤怒、哭泣或粘人等不同的表现,或者举止夸张,甚至会假装不理睬你,而所有这一切其实只是在表达一种天然的渴望——要你注意到她。你或许会把她寻求关注的欲望解读成关注匮乏的表现("她没有得到我足够的关注。")。不过,你其实也可以将之解读为依附("她爱我,依恋我,所以想与我联结。")

进行第一种解读的人,看到的是"杯子空的那一半":"如果我能多陪陪她,或者上班天数少一点,或者我作为父母表现更好一些,我就能给她更多的关注,弥补她的不足,那样她会更开心,我也可以多给自己点时间!"然而,第二种解读却更能赋予父母力量:父母的关注是加深亲子联结的利器,是刺激孩子学习的兴奋剂。对于关注的需求,孩子永远没个够。人们其实也无法对注意力进行量化,无法确定多少分钟的关注才是最合适的。"她太想让我关注她了!为了得到我的关注,她愿意做任何事情。"当你用这种方式看待关注时,它就不再成为令你充满愧疚感的问题,而变成了可以转化的力量,你可以运用关注向孩子传授他们需要的技能,并借助关注的力量创造增进家庭幸福的动力。

思考小贴士:

当你想到孩子要求父母给予关注时,你的内心感受如何?是感到愧疚、疲惫、力不从心、不知所措,还是深觉被爱,感觉自己很特别、很重要?你是否一想到"关注"就会感到时间仓促、精力被分散?试试换个视角看待你对孩子的关注,比如把它想象成一束光,此时你感觉如何?

你最关注的是什么？

我们不妨坦诚一点：现在后退一步，想一想，在与家人相处的时间里，占据你的注意力最多的是什么？绝大多数职场父母工作以外的时间总是被塞得满满当当，以至于孩子要直接与没完没了的家务竞争（家务同时也在挤掉我们下班后瘫在沙发上喘口气的那一丁点儿的个人需求）。孩子完全受本能驱动，会千方百计地吸引父母的注意力，不达目的誓不罢休。（特别是你刚刚在沙发上坐下来，想喝杯茶放松一下的时候！）然而真正至关重要的，是让孩子用什么方法来赢得我们的关注，因为这将为孩子未来的行为表现设定方向。

当父母处于百忙之中或者没有什么精力时，很容易忽视表现良好的孩子。如果孩子在一边安静玩耍，或者比较听话，忙忙碌碌的父母通常会抓住这个机会做点事。我们或许心怀感激，或许也会对孩子说谢谢，但那种情况下对孩子的回应往往是温和低调的。这意味着孩子表现乖巧时得到的回报却是父母的消极关注（低水平的关注）。正因如此，孩子才会找别的办法来获取父母的注意力。

有时，幼小的孩子会通过身体动作索取你的关注——跟着你走来走去、往你身上爬、拉着手把你拽去他们想要你去的地方。总之，他们会用一种非常累人但不容忽视的办法，坚持不懈地要求你注意他们、参与他们的活动。这种做法一般是有用的，即使没用，至少也会带来一些消极关注。

虽然孩子十分热爱父母的积极关注，但如果他们发现只能得到消极关注，或者得到消极关注相对容易一些，他们就会退而求其次。设想一下，如果你是一个小孩，而你的父母总是被工作弄得疲惫不堪，那么通常情况下你会很容易得到消极关注！举个例子，如果你在爸爸急匆匆要出门的时候抗拒穿鞋子，或者把年幼的妹妹掐得尖叫起来，或者在妈妈跟老板通电话时满屋子横冲直撞、大呼小叫……那么父母很难忍住不对你制造的这些麻烦做出反应。我们常常对孩子此类负面行为的反应十分强烈，远超孩子乖顺时给予他们的低水平关注。我们会怒吼，厉声呵斥，像火山爆发一般大发脾气，拼尽力气把我们的注意力倾倒在孩子的过错上："你就一点也不知道这通电话有多重要吗？！"这种反应也许不够积极，但对着孩子吼叫不折不扣是一种强烈的关注。指责是关注，争论和解释也是关注，追赶一个伤心跑开的熊孩子，同样是关注。

为了吸引父母的注意，孩子会不惜任何代价。如果父母养成了这种习惯——只有孩子犯错误的时候才给予高度关注，而他们表现好的时候却不怎么在意，那么孩子就会越来越习惯于做坏事。孩子会重复那些能够吸引父母注意力的行为。而孩子的行为表现越恶劣，父母投入的注意力就越多——对着他们说教、解释、怒吼，用种种可怕的后果威胁他们。这样一来，我们恰恰运用宝贵的注意力强化了他们可怜的、差劲的、退而求其次的选择，虽然我们绝非有意要这样做。

"可我一直在对她说，她是一个可爱的好姑娘，但她还是调皮捣蛋！"遗憾的是，一句"可爱的好姑娘"恐怕很快就会被一通愤怒的长篇大论淹没——你滔滔不绝地控诉，说你已经告诉她多少次了，要把外套挂起来 / 把酸奶罐子丢进垃圾桶 / 到饭桌坐下吃饭 / 好好对待妹妹……如果不信，你可以试着写一写关注日记。找一周时间，每天晚上把你给予孩子的关注逐条记下来，同时记录关注的时长和强度。你会发现，一次相互依偎的拥抱加上几句温情脉脉的话语，时间长度也许为 30 秒、强度为 4 分（打分区间为 1 ~ 5 分，5 分最高），而一次让孩子离开 iPad 的斗争可能会持续 2 分钟、强度为 5 分。你也可以记下自己每次的关注是积极的还是消极的，以及在此之前你在做什么。针对你给予孩子最强烈关注的那一次事件，看看孩子是用什么行为吸引到你的关注的，从而找出孩子的行为模式。

积极的亲子教育会让你感觉更幸福

对于职场父母来说，时间是宝贵的资源。父母花多少时间去关注孩子的不良行为是一件关系重大的事，因为它不仅关系到孩子未来行为举止的走向，而且直接影响父母的幸福指数。过多关注孩子的不良行为，会让父母在看待孩子和看待自己时都戴上有色眼镜。如果我们把注意力过多地集中在孩子的不良行为上，就很容易感到不满意——对孩子不满意，对自己不满意，总而言之，对生活不满意。这种负面情绪会把我们激活到战斗状态。每当某件事我们给孩子讲了无数遍，他们却还是做错了，我们就会觉得孩子不尊重父母，不光不听话，还故意跟父母作对，于是对抗情绪一下子就全被引发出来。这时，我们很快失去了客观公正地看待事物的能力，转而开始笼统地胡乱下结论——孩子因为愤怒而发飙变成了"他总是发脾气！他太难对付了！"我们自己想方设法帮助孩子的全部努力，也变成了"我这个妈妈太无能了，我对付不了他。"若是有些晚上过得不顺心，更是成了"每天晚上都是一场噩梦！我都害怕回家了。"

父母只有反其道而行之，多多关注孩子的良好行为，才能真正发挥关注的强大力量，而这也会深刻影响我们对孩子的看法和感受。我们越是寻找孩子做得对的事情，就能看到越多他们做对了的事情；我们对孩子做对了的事情关注越多，对孩子的评价就越积极正面，对自己的评价也会越积极正面——嘿，我这爸/妈当得还行啊！与此同时，父母关注孩子做得对的事情，也能帮助孩子对自己产生积极正面的评价。孩子会因为父母注意到他们的良好行为而十分自豪，并因此自觉改变行为举止。我们越是关注孩子做对了的事情，他们就越会经常性地把事情做好。如此这般，就形成了一个共赢的"良好感受"。这时候，我们的"眼镜"开始带上点儿玫瑰色了，我们越来越高兴、越来越满意，无论对于与孩子相处、对于自身还是对于家庭生活，我们都会感觉更加幸福。我们的想法改变了，情绪也会随之发生变化。我们变得更有能力与孩子玩耍、更能与孩子同频共振，而且更乐于享受为人父母的美好时光。

如果你发现自己正陷在负面情绪中，或者被孩子的不良行为弄得不知所措，又或者刚刚度过一个糟糕透顶的晚上，你可以试试做个快速的"感恩练习"：静坐 5 分钟，凝神回想孩子在当天 / 本周曾经有过的良好行为，回想他们最可爱的行为特点和习惯。感恩和书写正能量清单已被证实能够提升短期和长期幸福指数，完全值得你花费 5 分钟时间去试一试！你甚至可以把这个技巧纳入与孩子相处的日常例行事务中——在晚餐或上床时一起花上几分钟，互相说一说对方今天做得最好的地方和令你感到幸福的事情，从而让每个人都变得更加积极乐观。

我从家长那里得到的最好反馈之一是在某次以"关注孩子良好行为的重要性"为主题的研讨会之后，一位家长发给我的。"就像有人把我的孩子掉了包，换成了更好的小孩，"这位家长写道，"我改变了自己的态度后产生的变化令人十分惊喜。两个孩子以前成天打架，我也成天对着他们吼，而现在，他们绝大多数时间都在一起好好玩，我也绝大多数时间都心平气和了！简直堪称奇迹！"

我不能承诺关注孩子的良好行为一定会让你的家庭产生如此神

奇的转变效果，但它一定能让情况有所不同。关注积极正面的事情，能让父母拥有积极乐观的心态，改善父母的心情，并有助于让亲子教育不再变成斗争。对于每天耗尽体能的职场父母来说，这是真正的胜利。

关注积极正面的事情，就是为孩子设置改变行为表现的路标。

我怎样才能让他改正?

"如果不去关注他的不良行为，那我怎样才能让他改正呢？"嗯，你需要精准地投射你的注意力，才能发挥你作为父母的"超能力"。如果你想改变孩子某方面的行为，你得变成"教练"，着重强调你想让他们如何行动。其中的窍门是尽可能在孩子做对了的时候，用最明确的态度投以充满了母爱 / 父爱的关注，鼓励他们继续保持这种很棒的行为。

第 1 步：重点关注你希望看到的行为表现，而非你想制止的行为表现

如果你想制止孩子去做某件事，不妨把问题反过来思考：你想让他们如何表现？什么样的表现算得上好？如果你面临的问题是孩子在你关掉电脑时大发脾气，那么他们应该怎么做才是对的？是自己关掉电脑？还是默默走开去玩别的玩具？抑或是礼貌地询问你是否可以让他们打完这个游戏再关机？你需要想得非常清楚，你究竟希望看到他们什么样的行为表现，如果连你自己对这个问题都没有确切的答案，孩子又怎么知道究竟该怎么做呢？行为表现不是水龙头，没法一拧就

关，我们要做的是用良好的行为把不良的行为替换掉。

第 2 步：认真审视你的期望是否合理

2 岁的孩子在玩得正高兴时被制止，他们会抗争，但无法用言语表达。7 岁的孩子应该能用言语（而不是拳头）来表达自己的感受，但他们在受挫时无法保持平静。9 岁的孩子能够随时看着时钟，注意某个活动还剩下多长时间，但这并不意味着他们愿意到点就停下来。你的目标是在现有的基础上改善孩子的行为表现，而不是追求完美。

第 3 步：你要认识到问题行为并非一直在发生

也许孩子有时会任由你关掉电脑而不吵不闹，也许他们通常都允许你关掉电视机（但电脑不行）。找找这类事例，自我反省一下：当孩子行为正确时，你是如何回应的？或许跟孩子犯错误的时候相比，这时你的反应很有可能低调得多。你怎样才能把更多的注意力分配给孩子有良好表现的时刻？

第 4 步：把你的关注之光调到最高亮度

改变孩子行为的方法，是你要在孩子身上准确地辨别出你想看到的那些行为，然后强烈而精准地投射你的注意力去鼓励他们再接再厉。即使你想看到的行为只是偶尔闪现，或只在某种特别情境下出现，你也要及时捉住它，给予最强烈的关注。下次你要求孩子停止某项活动时，如果他没有和你争论便停了下来，高高兴兴地跑开了，你就要抓住机会对他说："谢谢你肯听我的话，我一说你就停下来不玩这个了。这真是太好了！你真棒！"和他击掌庆贺、在他背上轻拍一记或者附上一个温暖的微笑，他就会知道自己做了正确的事情，此时他的内心会闪耀光芒。你要确保自己正确描述了孩子刚才的行为，并对此表达由衷的赞赏，这样他才能非常明确地理解自己是因为什么得到了表扬。持之以恒，每次只要孩子听从你的要求结束某项活动，你都把注意力调成最亮的光束投射给他，孩子得到激励后就会更加经常性地这样做，并且会在更多不同的情境下这样做。只要有一次你要求他关掉电脑的时候，他保持了平静，哪怕他仍然皱眉生气，你也要热切表扬他这样做是对的。不妨亲一下他的额头（当然，得他肯让你亲才行），让他为自己正确的行为感到骄傲。

　　我们每天只有那么多个小时（大人、小孩都一样）。只要我们鼓励孩子多做一点点正确的事情，他们犯错误的时间就会少一点点。如果你能对你想要孩子重复的行为给予高质量的关注——并告诉孩子，你多么欣赏那些行为——他们就会倾向于多一点那样的行为。天平会一点一点地倾斜——正确行为多一点，错误行为就会少一点，相应地，你的夜晚也会变得更平静一点，相互依偎的时间多了，斗争也就少了。瞧！你们已经踏上了拥有幸福的家庭之路！

　　"可那些本来就是他应该做到的，我为什么要表扬他呢？"好吧，可是他做到了吗？没有。你想要他做到吗？是的。你是在管教一个假想中的小孩还是真实的小孩？顽固不化地守着某种亲子教育原则，就像把一本八级阅读课本塞给孩子，仅仅因为那是他"应该"达到的教育目标，却不管他的真实阅读水平只有四级。这么做不可能提高他的阅读水平，只会使你们的关系变得十分糟糕。想想你自己，如果你正在学习做一件以前不会做的事情并且取得了进步，你难道不想得到他人的认可吗？想想那些你成年以后才学会而其他人在童年或少年时期就已经会做的事情，比如，游泳、驾驶、做饭或拼装置物架；或者想想你近期在工作中刚刚掌握的技能。我打赌，如果有人留意到你的进步，你会发自内心地高兴。我还打赌你每掌握一种新技能都会充满自豪感，尽管事实上你已经有点落伍了。实际上，你还可能恰恰因为自己这么晚才开始学而越发感到自豪。或许你自己也有一些困难需要克服，比如怕水，或者对演讲感到焦虑。这时如果有人在你身边，不带评判地鼓励你，会对你产生很大的帮助。孩子不可能沿着符合总平均数的漂亮直线去成长发育。如果你的孩子（还）做不到某件事情，这仅仅意味着他们需要学会它而已，而你的关注如同一束光，可以帮助他们学习。

把注意力集中在你真正希望孩子拥有的行为表现上，是一个共赢的策略，且在亲子教育中十分宝贵。

"太多溢美之词会不会让孩子变得贪图表扬，这样的话，如果以后没有奖励或赞美了，她就什么也不做了吗？"解决这个问题的关键，是把表扬作为短期的有针对性的方法，主要用来鼓励新出现的良好行为，并非要一直使用这种方法。父母使用描述性的语言称赞孩子，是为了明确无误地告诉他们，他们做的是对的。例如"愿意轮流玩，真是好孩子！"或者"我第一次提要求你就听进去了，而且照我说的做了，你真是太棒了！"表扬要温暖、真诚、富有热情。表扬的目的，是让孩子为自己感到骄傲，从而激励自己下次还要这么做。要把赞美放在孩子的努力和进步上，即使他们并没有做到百分百正确。一旦孩子的新习惯牢牢扎根，你就可以减少对这个行为的赞美，只要偶尔表扬几句就好，并可转而着手解决另一个问题了。

你在亲子模式上花的时间越多，家庭生活就会越快乐、越和谐。关注孩子的良好行为，会让你感觉更积极正面，也会让孩子感觉更积极正面。他们得到了你的关注，而你得到了想要的结果——孩子的表现一点点变好，正确的行为越来越多。当然，孩子不会每次都做得对——犯错本就是人生旅程的一部分，也是孩子学习的一种方式。时不时地，你仍然需要管教孩子的一些令人无法接受的行为。如果孩子出现攻击行为或有伤害自己的危险，你必须设法积极管教这种行为（但最好不要对孩子吼叫）。下一章我们会详细谈谈这方面的内容。

行动小贴士：

◎坚持写关注日记，写一个晚上、一个周末或一个星期都可以。每次你对孩子投射了强烈的、高度集中的注意力（无论是积极正面的还是消极负面的），都把它记下来，同时记下这次关注的时长和强度以及引起你关注的原因。你从中发现了什么问题？

◎列出三件你想制止孩子做的事情。你希望他们用什么样的行为取代原先的行为呢？有意识地努力勾画你想要看到的表现（在任何情况下），以后只要看到孩子有良好的表现，就表扬他们。

◎每天花几分钟感恩你的孩子。你可以独自做这件事，集中注意力想想你的孩子那一天／那一周做的积极正面的或特别可爱的事情；你也可以让感恩成为日常仪式的一部分，和孩子谈谈当天你们相处的最美好的时刻。

● 第 6 章 ●
如何做到不再怒吼

　　任何一个父母都不可能拥有无穷无尽的耐心。就我个人来说，我的耐心已经在抚养孩子的过程中得到了些许磨炼，但如果有"耐心育儿竞赛"的话，我自知只配站在观众席上鼓掌，不可能上台领奖。有很长一段时间我都认为是因为自己缺乏耐心，才无法如愿成为不吼不叫的妈妈。我经常被逼到无计可施，对着孩子大喊大叫形同泼妇，事后又因为无法保持平静而深深自责，发誓下次一定要表现好一点，但依然免不了重蹈覆辙。

　　我：请把你的房间收拾干净。

　　儿子：（不理我。）

　　我：请你去把自己的房间收拾了。

　　儿子：（假装没听见。）

　　我：（嗓门大了一点）我说，你该去打扫自己的房间了！别假装听不见，这样太没礼貌了。

　　儿子：房间挺干净的，不需要收拾。

　　我：（怒气开始上升）房间根本就不干净，肯定需要收拾……（列举无数理由，说明房间为什么需要收拾。）

　　儿子：别逼我了，我待会儿去做。

　　我：（现在真的被激怒了，十分恼火！）你要是现在不马上去把自己的房间收拾了，我就……（说出一连串愤怒而荒谬的威胁和情绪化的激烈言辞。）

　　太糟心了。每次事后分析时，我总会在责备儿子和责备自己之间摇摆不定。情绪平静下来后，我会责备自己缺乏足够的耐心。要想当一个不吼不叫的父母，足够的耐心显然是必须具备的。

　　理论上，我们都知道对着孩子吼叫是很不明智的。没有人在开始当父母时树立的理想目标是成为"大嗓门爸爸／妈妈"。但是随着时间的推移，总有一天我们会不由自主地陷入其中，特别是当任何办法看起来都没用、孩子无论如何都不肯听话的时候。绝大多数职场父母对着孩子吼叫，不是因为无计可施，就是因为筋疲力尽，或者二者兼而有之。然而，事后我们又会感觉糟糕透顶，沮丧至极，因为我们一心希望家庭是充满快乐的地方，相信自己本应更有耐心、更有创造力。一定有些高深莫测的方法能让我们在育儿方面做得更好，只是我们想不出来。要不然我们就归咎于孩子——都是他们把我们逼得大吼大叫！

　　但是，"缺乏耐心"并不表示你必然会成为糟糕的父母，而是意味着你是一个普通人而已，因为所有人的耐心都是有限的。世界上确实有些人很不可思议，他们总是那么悠闲淡定，似乎从不为任何事烦恼，然而即便是这样的人也有忍耐的极限（有时，他们的爆发完全出乎意料，因而格外令人震惊）。从工作模式切换到亲子模式，并不代表你获得了圣母般的耐心，从此再也不催促孩子去做任何事情——那未免太荒谬了！不吼不叫的亲子教育，其秘诀并不在于耐心，而在于你能认识到自己脾气的触发点，从而提前介入，防止自己太过频繁地大吼大叫。

如果你真的想做一个不对孩子吼叫的父母，你需要认识到并管理好自己作为人的局限性，而不是追求不切实际的理想。

为人父母这趟旅程的第一步，是父母要有清醒的自我认知。如果我要求孩子做某件比较重要的事情（或者制止他们做某件事情）而他们却不配合，凭我对自身的了解，我能预见到如果我反反复复地要求他们，或与他们辩论说理，或诉诸恳求、威胁并重申要求，我体内那个大大的红色"警报器"就会响起来。然后我会怒气冲天，最终爆发变成怒吼。这就是我，我是个凡人。所以，如果我不想让这一切发生，我就得提前脱离那个轨道，行事与心平气和时一样，而不是任由事态发展，直到自己失去控制。如果我想让孩子做某件重要的事，我会清楚明确地陈述我想要看到他们做什么，但如果他们不听话，我不会跟他们辩论，不会冲他们吼叫，也不会威胁他们，我也不会连哄带骗劝诱他们去做。我只是把指令重复两次，然后让他们去执行。

孩子难免会感到不开心。可能作为读者的你也会严厉批评我。（当然，也许我听到的是自己脑袋里那个一贯批评自己的声音。）因为，要想在表面上做到平和冷静、始终如一地管教孩子，就意味着你要妥善管理自己内心某些非常难过的感受，这一点对职场父母而言更是如此。对孩子说"不"，坚守规矩不动摇，带来的后果可能是孩子不喜欢我们，而他们却是我们在这个世界上最爱、最关心的人——正是为了这些心肝宝贝，我们不辞劳苦，每天忍受着令人疲惫不堪的上下班路程，耍杂技般小心翼翼地保持工作与家庭的平衡。我们守住边界意味着我们可能会得到孩子的某些强烈的、负面的反馈：我们把抚养孩子长大视为世间头等大事，而孩子却控诉我们做得有多么糟糕。更糟糕的是，我们的所作所为是否正确，其实一直以来我们自己也不是十分有把握。

但我们不得不这样做，因为孩子需要有边界。他们需要知道哪些界线是一定不能跨越的——比如，打弟弟、跑到马路上去或者把垃圾丢在地板上让别人捡。他们需要了解，哪些行为是可以的，哪些行为是不可以的，这样他们才能学会如何与人打交道、如何立身处世。告诉他们这些界线并帮他们学会遵守边界，是我们作为父母的本分。

孩子需要我们坚定立场并加以控制，这样他们才能脚踏实地，安心成长。

> **思考小贴士：**
>
> 下一次如果你发现自己吼了孩子，冷静下来以后，花点时间在脑海中把事情再过一遍，要重点审视自己的反应，而不是孩子的反应。你是在哪个点上开始提高嗓门音量的？想一想，你在提高音量之前，是不是原本可以做点什么去扭转局面？

在宠爱与管教之间保持平衡

根据人们对育儿方式的调查研究显示，将宠爱与管教相结合并保持二者的平衡，对孩子的成长大有裨益。将满怀柔情的亲子关系和稳固的边界、明确的期待结合在一起，可形成一种坚定而自信的育儿方式，并总能带来积极的育儿效果——无论是在精神、社交还是学习上。这并非高科技，父母只要做到：立场坚定而态度温和，热情洋溢而规则明确，充满爱意而（对孩子的）期待始终一致。宠爱与管教都是必需的，缺少哪一个，都会导致育儿效果变差（如果宠爱与管教都缺少，那育儿效果就是最差的了）。

　　在宠爱与管教的平衡术中，绝大多数人自然而然地不是偏向这一头，就是偏向那一头。只要不过分，那也没什么问题，但我们的目标是让宠爱与管教这两方面达到一种平衡。对职场父母来说，这真的是个挑战。当我们上了一天班后有气无力地回到家里时，如果孩子不听话，我们就很容易不由自主地采取惯用手段，不是怒吼就是说软话连哄带骗，或者举手投降，要么就不停地变换花样，竭尽全力试图找出我们在这种情况下应该使用的回应方式。如果我们当时已经因为没有时间陪孩子而心怀愧疚，那么，对孩子说"不"，不仅会让孩子失望，也会令自己非常不舒服。我们爱孩子爱到心碎，实在不忍心看到他们失落、受挫或伤心，更何况他们的不痛快还是我们亲手给予的！

　　但是，守住边界——特别是在如何与人相处方面——对于孩子的成长发育绝对是至关重要的。清晰而一致的边界能帮助孩子掌握良好的社交技能，学会在表达自己意愿的同时尊重他人的需求。孩子如果要做出积极的选择，就必须学会听从指令和遵守简单的规则。总的来说，这些技能将帮助他们更好地适应学校、适应社会生活，这样一来，父母与乐于合作的孩子相处起来也更轻松。

　　有些父母采取自由放任的态度，希望孩子能以自己独特的方式长大成人、绽放光彩。然而，父母守住边界，并不意味着要把孩子变成机器人。实际上，清晰的边界能让孩子有更大的机会挖掘自身的潜力，因为设置边界可以帮助孩子发展自我控制能力，而自控力恰恰是孩子茁壮成长并充分发挥其独特潜力的利器。学会控制冲动，懂得牺牲眼前暂时的愉悦去换取长远的收获，这是一切自律的基础，而只有通过自律，孩子的天赋才会转变为切实的专业技能。你的孩子或许拥有成为钢琴家的天赋，但如果缺乏足够的自控力，他不可能每天保持数小时的练习，也就永远不可能成为钢琴家。事实已经证明，在预测儿童成年后是否能成功的若干评价指标中，自控力优于包括智商（IQ）在内的其他指标。

孩子需要大人为他们设置界限，并从大人清楚明确的解释和对边界始终如一的坚持中学习和领悟一些东西，这和他们需要大人满足其吃饭、穿衣、玩耍、拥抱和交谈的需求是同样的道理。若能学会以不吼不叫的方式设置边界，会令你的家庭洋溢更多欢乐，会让你每天都盼望着回家的时刻。

与孩子和平相处的秘诀

父母要想不再对孩子大吼大叫，就要制订合理的计划并尽可能持之以恒地去执行。若要实现心平气和的亲子教育，父母真正要做的是管理自身和自身的行为，而不是一味地管教孩子，并且要做到事前主动，而非事后被动。如果父母真的能做到这些，那么我们在家里对孩子吼叫就不再是家常便饭，而是例外了。

通常，吼叫都是大人万般无奈时才采用的手段——我们平心静气地要求，平心静气、平心静气、平心静气……无数遍之后，发现孩子一直充耳不闻，我们终于按捺不住，于是发出一通怒吼。要命的是，孩子用不了多久就会对吼叫习以为常。他们很快就领悟到，对爸爸妈妈说的话不必当真，除非他们大吼大叫；而爸爸妈妈也认识到，反正到最后还是大吼大叫才管用，那还不如直接吼两嗓子。如此一来，父母得到的经验是：要想让孩子把话听进去，必须吼；孩子得到的经验却是：在爸爸妈妈开始怒吼之前可以完全无视他们。如此这般，所有鸡毛蒜皮的小事都会逐步升级，直到以怒吼告终。

那么，怎么解决这个问题呢？首先，永远不要以吼叫的方式开启互动。父母经常会大声喊正在另一个房间里的孩子，这是一个典型的陷阱，工作繁忙的职场父母最容易陷进去！我们总是匆匆忙忙，于是为了节约时间，常常直接对着另一个房间里的孩子喊话，而不是走过去跟他们说。有时，我们会站在厨房向客厅大声吆喝，通知他们晚饭做好了。然而，从比较远的地方用这种大声吆喝的方式发送指令，几乎等于主动要求他们无视你，尤其是当你要求孩子停下他们正乐在其中的节目（如看电视）或要求他们去做不太热衷的事情（如刷牙）时，他们只会假装没听见。

惨遭孩子无视，你会怎么办呢？你会再大声一点，或者加重语气，同时怒气开始隐隐上升。这都是因为你一开始就用大嗓门和孩子说话——实际上那时你就已经开始不冷静了。一切本可以平静地开始，但你大声喊出指令，一声比一声高，重复好几遍之后你定然会开始厌烦："这小家伙就是在故意浪费时间，他不知道我有多忙吗？我辛辛苦苦上了一天班，最讨厌的就是回家做饭，可我还是得做！这么好的晚饭放在桌上，他却完全不理不睬！真是不知好歹！无礼之极！"一旦你开始大吼大叫、烦恼不堪，事情的发展态势就只能走下坡路了。我们的意识和身体的连接是异常紧密的：只要嗓门提高了，情绪必会紧随其后。

所以，你要做的恰恰与此相反。如果你需要和孩子说话，无论是要给他发送指令还是对他的不良行为做出反应，你都要走近他。是的，我知道你很忙。但是，你以为从远处喊话就能节约几秒钟时间，这正是典型的效率思维模式。与充满怒气的互动带来的负面影响相比，节约这几秒钟完全是得不偿失，并且只要你两次被孩子无视，那节约下来的这点时间也就荡然无存了。所以，请你上楼，或走进客厅，或走到花园的另一头——总而言之，走近你的孩子，然后俯身到他眼睛的高度（如果他还很小），用平静的声音对他说话。出于本能，我们一般不会对着别人的脸吼叫，所以如果你走得很近——离孩子大约一臂的距离——并跟孩子脸对脸，你的音量就会自动降下来。（如果你怒气大到可能会对着孩子的脸吼叫，那我劝你务必先转身离开，找个地方冷静下来再说。）

当你离孩子很近的时候，他愿意配合的可能性会大大增加。你靠得这么近，他要无视你，难度太大了！就算他仍然不肯配合，你至少态度平静、头脑清晰，有充分的准备应对他的不听话行为，因为当我们音量较低的时候，情绪的紧张程度也会保持在较低水平。

怎样和孩子说话他们才会听

父母在什么时刻、以什么方式发送指令，也会在很大程度上影响孩子是否听话。幼儿的玩心特别重，要求他们停止玩耍，过来做一件不太好玩的事情，总是会令他们对你心生反感。所以，只要情况允许，你要尽量找准向孩子提要求的时间点——比如，在他们玩耍暂停的间隙，或一场游戏刚刚结束的时候。你下班后还有一大堆家务活要做，并不表示你一踏进家门就应该命令女儿马上去打扫自己的房间。那根本不是发号施令的最佳时机。你应该做的，是提前发出"只能再玩一小会儿"的信号，好让孩子先适应一下，比如提前 5 分钟警告他们：玩完这盘游戏，就该去收拾房间了。这样做并不是每次都管用，但它会增加孩子听话的概率。如果你提议的新活动比较有趣，或者能得到妈妈 / 爸爸的亲切关注，他们就更乐意听你的了。

父母的指令要简明扼要。天下的父母都认为自己家的孩子聪明得不可思议，这是理所当然的，因为我们爱他们，看到的全是闪光点。不过，有时我们也会对着孩子发一堆牢骚（"唉！上了一天班，回家还得收拾乱七八糟的房间！"）；有时根本没有说清楚我们究竟想让他们干啥（"萨姆！别犯傻了！"）；有时把话题扯出去老远（"你别在沙发上蹦了！沙发真的很贵，我可买不起新的了！买车的钱都还没还清！我还得省钱带你们出去度假！"）。幼儿大脑的记忆功能还在发育当中——我们在提要求时添加的词语越多，他们就越会忘掉一开始听到的要求。而他们对于"别犯傻"的理解，与成年人的理解是有相当差距的！

如果你真的想让孩子去做一件事，那就要语气平和，指令简单准确，明确说出他们应该做什么，比如："请坐下。"非常简单，非常清晰，非常平静。如果你想制止他们做某件事，也要明确说出他们应该做什么，比如："请停止在沙发上跳，坐在沙发上"或者"请停止在沙发上跳，去地板上跳"。

注意，不要把解释和指令混杂在一起。现代的父母很喜欢对孩子解释，告诉他们为什么一定要做这件事，为什么一定不能做那件事。就孩子的学习成长而言，解释确实很重要，毕竟我们希望孩子听话是因为他们理解了其中的原因，而不是一味地顺从。但有时候，尤其对于幼儿来说，太多的解释性语言反而会成为障碍，导致话才谈到一半，他们就不记得指令是什么了。而年龄大点的孩子很可能从父母的解释中抓住把柄，就指令本身和父母展开辩论，从而逃避对指令的服从。("你可以换个薪水高的工作啊，那样我们就能买个新沙发了。") 一旦孩子成功地把你拖入辩论中，开始针对你解释的内容磨牙斗嘴，他们就赢了！因为他们已经牢牢抓住了你的注意力并成功拖延了服从的时间。

记住：当你要给孩子发送指令时，走近他，把指令只重复两次。你没听错，只重复说两遍你的指令。如果你已经在孩子身边，并确定孩子能听到你说话，如果她听到第二遍指令后依然拒绝合作，你便可以确定，她已经下定决心要无视你，那么即使你再说一遍，她也不会听，而这会导致你产生挫败感，最终因为孩子不肯听话而发怒、吼叫或失去内心的平和。这种情况下，请不要诉诸威胁。你数到3或者扬言如果他们不听话会怎样怎样，只能让孩子学会等着你数到3，或者等到你威胁的后果出现，在此之前他们是不会遵命行事的。但如果你始终如一、坚决贯彻这种"只重复两次要求"的策略，孩子很快就能学会一听到要求就赶紧服从，不会再等着你数到"2.5"或者怒吼着威胁他们说"后果很严重"！

发出简单明确的指令，然后等待。如果孩子听从了你的要求，你要感谢他们的配合，表扬他们，对他们说"谢谢"。把你的关注之光——作为父母的"超能力"——调到最高亮度去照耀他们，让他们巴不得每次一听到你的要求立马就遵命！你得忍住给孩子"上课"的诱惑，不要长篇大论宣讲为什么他们应该第一次就做对而不需要被人批评指正——你只要露出温暖的笑容，或者在他们背上轻轻拍一拍，就能正面强化他们听话合作的愿望。如果一定要解释，这时倒不妨好好解释一下："谢谢你肯听我的话。我知道你喜欢这种弹跳感，但是如果你总在上面跳，沙发里面的弹簧就会断掉，那晚上我们就没法舒舒服服窝在沙发里看电视了。"如果孩子不听，你就重申一遍你的要求，再给他们一次机会。如果仍不见效，果断采取行动，在有可能被激怒之前，对孩子的行为施加一个恰如其分、干净利落的"后果"（也可以说是一种惩罚机制）。

利用后果时应遵循9条黄金法则

幼儿学习的主要方式之一，就是通过对因果关系的领悟。"我做了 X，于是发生了 Y；我喜欢 Y，所以我会再做 X。我做了 W，于是发生了 Z；我不喜欢 Z，所以我不会再做 W。"提供简单、直接的后果是一种有效的手段，可用于构建孩子的选择，从而鼓励孩子合作并抑制其不良行为。通过后果构建孩子的选择，意味着孩子下次会更倾向于选择正确的路径。

当你遵循下面这 9 条黄金法则时，后果能起到的作用是最大的。

1. 后果应当是非伤害性的

给孩子的行为施加后果，不是为了惩罚孩子或让他们感觉糟糕，而是为了阻止孩子的不良行为持续发生，而以较小的代价将此事了结。施加后果的目的应当十分清楚——父母只是不希望看到孩子的这种行为，而不是给孩子本人贴上"坏孩子"或"天生调皮"之类的标签。

2. 父母对孩子施加后果时要保持冷静

如果你发现自己已经十分恼火，那很可能是你行动太迟了，应该早点出手。其实你只需要平静而直截了当地说一句："我要求你停止拿玩具打妹妹，因为这很危险，而你没有停下来。我要把玩具拿走两分钟。"

3. 施加后果的效果应当是可预见的

施加后果的目的，是在做"好选择"和"坏选择"之间提供一个明确的区分。因此，好的后果意味着让孩子能够合理预测，如果他们采取了某个行动，接下来会发生什么。孩子有能力预判什么行为是对的，什么行为是错的，前提是他们拥有清楚明确的规则（或接收到清晰的指令），并且父母在施加后果时做法应始终如一。

父母常常认为是后果的严重性让孩子的行为得到改善，实际并非如此。真正起作用的，是后果的一致性。如果每次都得到同样的后果，孩子就会非常快地学会改变行为举止。他们能预见到自己的行为将导致什么样的后果，因而会做出不同的选择。举个例子，在孩子拒绝帮忙打扫卫生时，如果你有时坚持施加一个后果，有时却干脆帮他们打扫房间，那他们就不会好好吸取教训，而更倾向于继续拒绝你。

4. 后果的施加应当是直接的

父母最好的做法，是在行为发生时立即让后果发生，这样行为与后果之间的联系才会十分明显。如果对不良行为延迟施加后果，多半会削弱父母管教孩子的效果，因为年幼的孩子或许看不到行为与后果之间的联系。并且，这种策略只适用于2岁半以上的孩子，因为2岁半以下的孩子的认知能力或语言能力还不足以理解这些事，他们还没有能力为避免产生不良后果而做出选择。

随着孩子逐渐长大，他们对于延迟施加后果也能适应得好一点。所以，对于9岁大的孩子，若要惩罚他星期三在玩电子产品的时间限制上要花招，你可以减少他星期四玩电子产品的时间。但是，你仍然要小心，别将后果的施加拖延得太久，因为那样很可能把你拖进一个亲子教育的泥潭中。假如在你准备施加后果之前，孩子表现得乖巧异常，你该怎么办呢？是改变主意？还是坚持施加那个后果，同时感到自己十分卑鄙？

5. 后果应当简短

只有让孩子做对事情，我们施加的后果才有意义。所以，后果要简短，并尽快给孩子一个改正错误的机会。对于幼儿来说，把玩具拿走一两分钟已经是相当长的时间了，即使对年龄稍大点的孩子，也不要超过 5 ～ 10 分钟。如果他们第二次仍然做出错误的选择，你可以再次施加后果，把时间稍微拉长一点点，但也不要太长，比如一个星期就太过分了。如果他们得不到实践的机会，怎么才能学会把事情做对呢？如果要孩子整整 7 天都表现得像天使，然后才能把心爱的玩具拿回去，到那时你的内心一定会很矛盾。施加后果的目的，只是让孩子有几分钟处于他们不情愿的状态中，而不是让我们整整一个星期都陷入相互指责中。

6. 最佳的后果是符合逻辑的

要尽量根据实际情况选择合乎逻辑的后果。如果孩子乱扔一个玩具，你就拿走那个玩具。如果孩子争抢遥控器，你就把电视机关掉。如果孩子用很危险的方式荡秋千，就把他们从秋千上抱下来。合乎逻辑的后果可以帮助孩子看清因果关系。施加符合逻辑的后果还包括：如果孩子把玩具弄得乱七八糟，那就让他们自己清理；如果孩子造成了某件事的发生，那就让他们承担这件事的自然后果（比如，无法再用某件东西了，因为他们把它搞坏了）。

7. 施加后果时应取消积极的回报

玩耍和关注是孩子成长最主要的驱动力。因此，施加后果的最佳方式是将玩耍和关注取消几分钟。父母可以暂时剥夺孩子的玩耍时间（拿走玩具或停止活动），或者把孩子带离玩耍现场。

8. 不要做戏剧性的夸张表演

对孩子施加后果的过程应当自始至终是不引人注目的，没有戏剧性的夸张效果。因此，父母要早一点介入，在发怒之前施加一个简洁明快而合乎逻辑的后果。你只须平静地解释发生了什么，你为什么要这样做。无视孩子的任何吵闹或抱怨，不要和他争论。最佳的后果是令孩子感到有点乏味无聊并感到失去了你的关注。

9. 施加积极的后果，引导孩子做正确的事情

只有当做对和做错导致的结果有非常明显的差距时，这种后果策略才最有成效。比如，孩子做错了事情，父母就要给他施加一个简短但乏味无聊或者他本人特别不喜欢的后果，而做对了事情则能从父母那里得到大量令人愉快的、强烈的、积极的关注。如果孩子的某个不良行为特别根深蒂固，而且你发现你们之间的斗争在不断升级，那么最好的办法或许是针对孩子这一行为反复施加后果，并且让后果越来越严重，最后切换成激励策略——引入奖励制度，奖赏孩子正确的行为表现。如果你使用奖赏的方法，就要确保对良好的行为有非常清楚明确的定义，并且一次只集中处理一件事。只针对单一问题制定奖励图表，比如"温和且文雅地对待妹妹"（不要打她或踢她）或"好好和哥哥／弟弟说话"（不要说粗话或惹怒他），这样能帮助孩子把注意力集中在他们需要好好保持的良好行为上。如果奖励图

表对"良好行为"的定义不明确，很可能会导致你和孩子喋喋不休地争论究竟什么算是"良好行为"，以及某个奖赏该不该给。

> 思考小贴士：
>
> 　　你的孩子有没有某个行为特别容易激怒你，总让你忍不住冲他吼？你可以做些什么来激励孩子去选择另一种行为方式呢？

我应该使用计时隔离这种策略吗？

当实施类似于"计时隔离"这样的移除策略时，许多父母的内心都是非常复杂的。有些父母极其看重这种策略，有些父母则根本无法使用或自觉选择不用这种策略。如果用得好，移除策略的确能平息事态并划出界线，避免情况恶化或孩子出现攻击性行为。使用这种策略，可以让孩子和父母都有机会冷静下来自我反省，同时这种策略也是在向对方发送一个强烈的信号，告诉对方，某些行为是无法让人接受的。

移除策略的工作原理与后果策略完全相同，并且使用时同样要遵循上文中提到的黄金法则——你要冷静地取消积极的回报（玩耍和关注），即不是取消他们的活动，而是把某个孩子从玩耍现场移走。初级的移除策略，是让某个孩子离开一项活动，但仍让他待在同一个房间或紧邻的房间里。要求他紧挨着活动现场坐几分钟，不能参加玩耍，并且坐在那儿也得不到任何关注。这种"静坐隔离"（又称"计时罚坐"）移除策略对于幼小的孩子来说是很好的选择，实施起来也非常方便，在户外尤其好用。我知道有些父母会在孩子集体玩要时、在公园或超市里使用几分钟的静坐隔离，一般都非常成功。（但我建议你应当先在家里使用这个策略，然后再尝试在外人面前使用。）

终极的移除策略是"计时隔离"，也经常被称为"淘气罚坐"。它的意思是说，把孩子领到另外一个房间或者一个安全但枯燥乏味的空间，让孩子必须在那儿安静地坐上几分钟。父母应当解释为什么孩子被隔离（一句话就行，不要长篇大论），并要求孩子安静地坐几分钟。要等到他们真正安静地坐下来，才开始计时。如果孩子跑开，父母要冷静地把他们弄回去坐好，并重新开始计时，直到他们能够安静地坐够要求的时长为止。

近几年来，媒体对于计时隔离策略有一些糟糕的评论，声称这是在抛弃孩子或践踏孩子的感情。当我们面对一个不想被罚坐的哭哭啼啼的学龄前儿童时，这个说法听起来确实挺有道理，颇能触动我们为人父母的情感。计时隔离策略对于有些孩子的确不适用，比如有过创伤经历或有分离/依附问题的孩子；对于一些特殊情况也不适用，比如孩子正处于焦虑或痛苦状态的时候。但除了这些，关于计时隔离策略的调研数据显示，在充满爱意的良好的亲子关系前提下态度平静地实施这一招作为最后的手段（比如，当孩子出现攻击性行为时），对于帮助孩子学会恰当的行为举止、调整孩子自身的情绪是有效的，而且不会对孩子造成伤害。事实上，积极强化孩子正确的行为举止、提供与其年龄相宜的解释以及针对其重大不良行为实施计时隔离——把这三方面结合起来形成一个常规定例并持之以恒，能够增加孩子的亲社会行为并减少其不受欢迎的行为。这一数据与关于厌倦感的调研数据是一致的，也许这也是计时隔离策略能得到人们关注的原因吧！

关于移除策略会在情感上伤害孩子或破坏亲子关系的断言，迎合了许多职场父母的恐惧心理——因为他们不得不把时间花在陪伴孩子以外的地方。职场父母本来就有难以消解的情绪需要管理，比如愧疚感以及对亲子分离的忧虑——生怕这样对孩子不利。人们为了反对计时隔离策略而引用的许多调研数据，大都基于存在情感忽视或对孩子行为粗暴等问题的极端场景，而我们所说的，却是在充满爱的温馨家庭中，父母偶尔要求某个孩子坐到一个安全的地方去反省，因为他用平底锅狠狠敲了妹妹的头。

当然，你绝对不能把计时隔离策略当成随身法宝，一有麻烦就掏出来用。不要滥用这种策略，掉进"警察式"育儿的陷阱。只有在孩子发生严重的不良行为或攻击性行为时，计时隔离策略才是效果最好的，而且父母平时应当对孩子正确的行为给予大量的积极关注。幸福的家庭模式应包括在必要时强制施加某些后果，但主导方向仍然是尽量把时间花在正面强化上，比如用表扬和关注鼓励孩子正确的行为表现。作为父母，我们要和善而坚定——亲切热情但有着清晰的边界，爱意满满再加上明确的期望和恰当的坚持。

当早晨你急着上班、需要踩着时间点出门时，无论如何都不要采用计时隔离策略。要应对这种特殊情况，你的育儿百宝箱里还要有另一套完全不一样的工具！

行动小贴士：

◎ 每次你想制止孩子做某件事时，不要告诉孩子"停止"做某件事，而要直接告诉他们"开始"做另一件事。当他们听话时，表扬他们。

◎ 如果你需要给孩子发送一个指令，找对时机，走近他们，说出简短的指令，并且只说两遍。

● 第 7 章 ●

让早晨不再手忙脚乱

　　职场父母在工作模式和亲子模式之间切换，意味着他们要放下以任务为核心的效率思维，并且理解儿童思维的驱动程序和成年人是不一样的。基于这种现实，如果父母早上必须准点离开家门，那真是一个极大的挑战！早上出门的大问题是，根本没有时间让孩子慢慢晃悠，或者追逐闪闪发光的糖果纸，或者询问月亮挂在天上不掉下来的原因和理由。在早上这段时间里，孩子的需求和父母的需求是直接冲突的，因而结果总是不太愉快。

　　绝大多数职场父母早上必须争分夺秒。我在孩子很小的时候，得给他们喂饱肚子、穿好衣服，只有在 7:45 准时离开家门，我才能保证 8 点准时把他们送到幼儿园。我必须在 8:45 开始工作，才能保证一天有足够的工作时间，然后才能赶在下午 5:30 幼儿园关门前去接孩子。每天早晨我都是在幼儿园开门前一分钟才冲到门口，加入站到门外的那一小排家长队伍中，等着尽可能早一点把孩子送进去。

　　有些早晨还算凑合，但有些早晨却有点令人恼火，而绝大多数早晨都糟糕透顶。孩子们醒得太早，早得不可思议。接下来，他们会把麦片粥洒得厨房里到处都是。然后我会打开电视让他们玩一会儿，自己赶紧冲澡、穿衣打扮。但不管我从多早就开始折腾这个过程，最后总要浪费太多的时间才能把他们拖上楼、给他们穿好衣服。随着时间的流逝，我越来越烦躁，直到被一只"失踪"的袜子或"迷路"的鞋子弄得情绪失控、尖叫起来。开车去幼儿园需要一刻钟，全程我总是滔滔不绝地数落孩子们害得我又要迟到了，或者责备他们一心只想着自己，丝毫不顾念他人。这就是我一天的开端！太惨了！

　　听起来是不是挺熟悉？如果你在上班的同时还是一个或几个小屁孩的父母，早晨就是这么可怕！时间太紧，事情却太多——穿衣服、吃早饭、收拾餐具、刷牙、整理书包、穿鞋、穿外套……如果孩子还很小（或者一心只想追逐闪闪发光的糖果纸），那么这些任务中随便哪一项都会占用你大量的精力。早晨的时间表又是没有任何弹性的——绝对要求准时准点。你必须在指定时间赶到指定场所。火车不会因为你的小孩对着鞋子大发脾气就等你一会儿；你也不能指望老板对你的迟到表示谅解，就因为你10岁的女儿又找不到她的地理作业本了。这些事情关系重大，直接影响你的职业声誉和收入。准点上班真的很重要，你总不希望自己表现得不可靠或不负责任，更不希望影响自己的职业发展（或工作岗位）。职场父母每天被重要的时间节点卡着，孩子的大脑又不具备专心执行任务的能力，职场父母夹在中间，真是左右为难，万分紧张。

　　我认识的许多职场父母在早晨都会启动超高效率的工作模式，化身军士长："起床！裤子穿上！做这个！做那个！"为了让孩子完成早晨的任务，我们连推带拉，威逼恐吓，每个环节都是软硬兼施、唠叨不休，只为敦促孩子按要求做完那几件事。这样做能管用一小会儿，但这种策略对被命令的一方来说实在不怎么好玩，而当我们终于忍不住怒吼起来时，事情就会变得更糟，因为孩子一旦感觉受到逼迫和催促，便会采取不合作的态度或不听话的方式蓄意破坏晨间例行程序——他们会发脾气、进入"慢动作"状态、无视家长指令或者只穿袜子不穿鞋就到处乱跑。

那我们该怎么办呢？对于早晨，执行纪律不大管用，任何要求他们"抓紧时间"的回应毫无用处，"计时隔离"或"淘气罚坐"只会让早晨的时间更紧张，而这会让我们迟到的风险变得更大——毕竟对职场父母来说，早晨一切都要快，不能慢！

早晨的环境条件最容易让人在育儿方面做出水平低下的决定。每天一起床便有大堆事务等着，每件事都匆匆忙忙——尤其是在大人感觉厌烦，或者孩子起床晚了，或者某件东西找不到，或者前一晚没有睡够，或者没能充分恢复精力的时候。每当此时，我们都会感觉自己的恐慌感不断上升，不由自主地做出荒谬的、情绪化的决定，比如埋怨 2 岁的孩子故意让我们开会迟到，或者乱丢情绪"炸弹"，让 7 岁的孩子感到内疚，因为他"像个小孩子一样不懂事"！我们每天早上重复同样的动作，尽管事实证明它根本不起作用，可我们仍一成不变地抱着晨间例行程序不放，认定它应该能行（或者过去曾经可行）；然后在发现它实在不管用时，便责备孩子，灰心丧气，如此日复一日。

除非你在孩子们醒来之前走出家门，否则永远不会有一个如变魔术般的解决方案能让你的早晨变得清静怡人。每个人的具体情况不一样，最好的晨间例行程序是最适合你的那一个。要设计一个更平静、更愉快、真正管用的晨间例行程序，关键在于找出问题的根源，然后运用一点积极心理学的知识去改变做事的方法。

为什么孩子会在早晨故意拖拖拉拉

　　人在生气的时候总是没办法好好思考。所以，给自己找个舒服的地方，预留半个小时和平安静的时间，费点心思审视一下你的晨间例行程序：发生了哪些事情？为什么会发生？

　　关于早晨的安排，你首先需要明白一点：成年人和孩子眼中的事务优先次序是完全不一样的。作为职场父母，你早晨的首要任务是保证每个人按时走出家门，当然最好是从容不迫地用过了早餐，着装得体、牙齿洁净，也带齐了一天的装备。只要是用效率思维能够处理的事情，你总能驾轻就熟、得心应手，因为早晨"工作"的重点确实是要尽快冲出家门，到达目的地！

　　但是，孩子很可能不会把按时走出家门当成最重要的事情。之前已经说过，比起所有其他事情，孩子看得最重要的事情唯有两样：玩耍和关注。孩子们会不由自主地寻求玩耍和关注——去研究闪闪发光的糖果纸（并想把它拿给你看），而把穿裤子之类的事情直接丢到脑后。持续关注一件单调乏味的任务根本不符合孩子的思维方式。

　　你是否能按时去上班，不是孩子最关心的事情。这一点你务必要接受，无论你长篇大论地说多少道理，也无论你多少次动之以情、晓之以理，都改变不了这个事实。无论你如何煞费苦心，孩子也无法真正理解你成天上班究竟是在做什么。他怎么可能理解呢？"职场"完全不在他的思考范围之内。你在电脑前坐了整整一天？听起来很不错啊！根本没什么压力嘛——你过了最快乐的一天！

　　幼小的孩子没有能力站在成年人的立场去思考问题。这无关道德判断，而是由孩子的大脑发育程度决定的。4岁以下的孩子缺乏成熟的认知，无法从另一个人的角度去看世界。我们是通过错误信念实验来获知这一点的。向 3 岁大的孩子出示一个装满糖果的盒子，问他们认为盒子里装的是什么。只要孩子认识盒子上的品牌，他们就会合乎逻辑地回答说，里面装的是糖果。如果你悄悄把糖果换掉，盒子打开时暴露在他们面前的是铅笔，他们就会大吃一惊，因为他们以为看到的会是糖果！但是，如果这时你盖上盒子，再领一名新的小孩到房间里来，并询问原来在房间里的孩子们，这个新进来的小伙伴会认为盒子里装的是什么？3 岁孩子会回答是"铅笔"，因为他们已经看到过了，知道盒子里装的是铅笔了，并且他们还没有能力进行跳跃性的想象思维，无法站在新进来的小孩的立场想象他还没有看到铅笔、只能看到盒子外观时的情形。3 岁孩子的心智尚未完全开发，也就是说，他们还没有能力理解他人头脑中的想法会与自己不同。

因此，期望一个幼小的孩子领悟成年人的所思所想，理解准时上班对你有多么重要，注定会失败。幼儿根本无法理解你为什么那么紧张，那么急着去上班，也无法理解你在上班时都在做什么，或者上班为什么那么重要，甚至他们还不理解"时间"是什么。（我的孩子 3 岁的时候曾经对我说，他会爱我"3 个星期"。我想他指的是"永远"，只不过"3 个星期"已经是他能够想到的最长时间了。）孩子就是孩子，本来就不应该要求他们理解这些东西。

即使年龄稍大一点的孩子，要想象成年人的生活或理解大人们的忧虑，也十分费劲。他们只知道应当对人善良友好，还完全不能理解为什么要对另外一个人的生活和未来负责（如同父母那样）。他们也不是很明白为何要从不同的角度看问题，并在综合考虑多种相互冲突的因素后才做决定。对他们来说，如果工作让你紧张到近乎崩溃，为什么不换个工作呢？如果老板不愿给你足够的薪水，那就换个地方挣钱好了。是的，大一点的孩子能做到把上班与上学做比较，知道这两件事都必须准时，都得赶在铃响之前抵达。但是，对他们来说，上学只是因为别无选择。他们必须去上学、必须准时，因为大人们是这样要求的，而不是因为他们内心受到了激励。上学是外界强加给他们的、不可避免的事情。绝大多数年幼的孩子都喜欢按自己的节奏行事，而非按学校的节奏与朋友们建立联结。他们的内心没有要准时去上学的紧迫感——就是父母急着去上班时的那种感觉。孩子能认识到父母的紧张，因为这种紧张对他们不利，但是他们并不能真正理解父母内在的感受。

　　你需要接受孩子对待事务的优先次序和你的不同，想法也和你的不一样。这一点真的非常重要，如果你依据成年人的行为驱动因素去解读孩子的行为，得到的结论只会让你火上浇油，进一步助长你的消极负面情绪，加剧与孩子的冲突。比如，想想一个总是顽固地在早晨进入"慢动作状态"的孩子。如果你把这种行为解读成一个人明明了解你多么急于去上班却硬要拖拖拉拉，那么你很容易得到一个结论"他明知道这对我很重要，他这么做就是故意要伤害我／惹恼我！"于是每次孩子慢悠悠地做事，都会刺激到你，让你感受到更深的恶意和冒犯。我们如何解释孩子的行为，决定了我们会对孩子的行为产生什么样的情绪反应。如果我们一次又一次地感到被故意针对，就极容易被激怒，大发脾气。内心的委屈会点燃我们的怒火。每当此时，哪怕一点点小事情都能让我们彻底崩溃，失去耐心。

　　孩子并非为了让你迟到而蓄意破坏早晨（或一天中的任何时候）的例行程序。他们之所以这么做，只是因为他们还是孩子，对事情的重要性有着不同的理解。早晨是最典型的"你赢我输"的局面，如果孩子"赢"得了玩耍和关注，父母必然会发现自己很难"赢"得自己想要的——梳洗干净、穿戴整齐地准时离开家门，也没忘记带任何东西。父母如果不停地"敲打"孩子，让他们对迟到"上点心"，可这根本不可能成功。一大清早屋子里就充斥着吼叫声，用这种方式开始一天的生活，无论对父母还是孩子来说都是极其糟糕的。如果你想要晨间例行程序运行得更加顺畅，你就必须对自己的事务优先次序做出调整，找到亲子共赢的策略。

识别你的晨间陷阱

如果你的晨间例行程序运行不畅，那不妨庆祝自己又获得一次宝贵的机会，好好发挥一下你十分擅长的"效率思维"——而它也确实能帮你找到解决方案。现在，我们可以让大脑在工作模式中多逗留一会儿，着手做一些客观分析。就这一点来说，写一个晨间日记（持续跟踪日记）会非常有用。当我们陷在一个问题里出不来的时候，往往会感到这个问题似乎一直在发生——"我的孩子早上总是会对他的早餐大发脾气。"而实际上呢，5 天中只有 3 天的早晨发生了这样的事。还有，你也许感觉到孩子发了很长时间的脾气，其实只有 10 分钟而已。我们只是陷入了"消极思维"这个亲子关系陷阱里，把每个早晨都贴上了"灾难"的标签，给孩子贴上了"不听话"的标签，自己则切换到了"警察模式"。我们会对那些顺心如意的事视而不见（也不会留心为什么那些事就能顺心如意）。持续写晨间日记是一个非常好的方法，能让我们后退一步、搜集事实，从而校正脑海中的诸多假象。

写晨间日记的方法有两种：

- 写简单的日记，记下每天早晨发生的问题——时间、地点、原因、持续时长以及问题是如何解决的。

- 运用"理货系统"：当天早晨这个行为的发生频率如何？

你需要连续写两三周的晨间日记，才能看到比较清晰准确的画面。持续跟踪日记能帮你看到你没有意识到的行为模式和关联性。也许孩子总是在星期一的早晨最容易发脾气，或者是在星期三你必须比平时更早起床的时候。只有持续跟踪日记才能帮你看清楚这些事件之间的关联性。

另一个十分有用的分析工具是任务清单。制作一个任务清单，把晨间例行程序中必须完成的每项任务都列在其中。你要确保完完全全地写下每项任务，并按照任务的执行人对它们进行分类。这个清单要方便拿取，以便随时修改。举例如下：

家长的任务：冲咖啡、热牛奶、把牛奶拿给小孩、取出洗碗机里的餐具、冲澡、挑选衣服、穿好衣服、挑选孩子的衣服、帮孩子穿好衣服、帮孩子梳头、做早餐、吃早餐、喂孩子、做午餐便当、把餐具放进洗碗机、监督孩子刷牙、整理自己的包、整理孩子的包、收拾玩具、拿好鞋子和外套、帮孩子穿上鞋子和外套、让每个人都坐上车。

孩子的任务：喝牛奶、吃早餐（非固定任务）、刷牙。

接下来，对着任务清单思考一下这些事情发生的顺序。例如，你早晨做事的顺序可能是这样的：起床、做早餐（自己的和孩子的）、冲澡、穿衣服、做午餐便当、收拾包包、让每个人穿上鞋子和外套。而孩子呢？起床、吃早餐、玩耍、穿衣服（被吼了以后）、继续玩耍、被大人粗暴地穿上鞋子和外套。

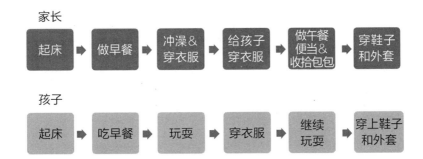

找出这个顺序中发生问题的地方，并且看看在这个顺序中，家长和孩子都认为最重要的事情是在哪一步得以完成的。对于家长来说，最重要的事情是顺序中的最后一步，即当每个人都起了床、吃过早餐、穿好衣服并离开家门时才算完成。而对于孩子来说，最重要的事情是玩耍，如果玩耍处于他们的任务顺序的中间位置，那么孩子最重要的事情在晨间例行程序的半途就已经完成了，而不是在程序结束时。所以问题就出在这儿。如果孩子已经满足了自己最大的需求（他认为已经完成了最重要的事），并且正乐在其中，那么他们又为何会为了一些自己根本不想做的事情（如穿衣服或者穿鞋子）而停止正在进行的快乐玩耍呢？

没有压力的晨间例行程序应当适用于每个人，并且均衡地满足每个人的需求。

还有一个方法也可以用来分析晨间例行程序，那就是查看事情发生的地点。勾勒出问题发生的线路，也能帮你看清为什么会发生这些问题。比如，是否在孩子穿衣服时容易出问题？孩子当时在哪儿？卧室里吗？孩子的卧室里是否有分散他们注意力的东西（如玩具）？还是在他们穿鞋子时发生了最大的问题？他们的鞋子在哪儿？是在他们能看电视的地方吗？孩子内在的玩耍动力可以轻易"打倒"父母要求他们收拾整理的命令——所以家里只要是有明显的玩耍机会的地方，常常就是晨间例行程序最容易"脱轨"的地方。

一旦你找出并确认了容易出问题的地点以及晨间例行程序运行中的障碍，就是你做出改变的时候了。

精简事项，调整顺序

改变的第一步，就是减轻负担。把太多的事情安排在早上做，这本身就容易让人感到紧张，所以要尽可能减少事项。看一下你早晨的任务清单，针对每项任务，问自己下面 4 个关键问题：

- 这件事真的有必要做吗？
- 这件事真的有必要做得这么好吗？
- 这件事可以让别人做吗？
- 这件事可以换个时间做吗？

对任务清单要严加审视，毫不留情。挑选衣服、收拾包包和做三明治，完全可以在前一天晚上完成。仔细挑选配料做午餐便当，可以批量办理，一星期做一次，冻在冰箱里。冲澡是否可以从当天早晨挪到前一天晚上？煮咖啡是否可以利用计时器自动完成？餐具是否可以就丢在洗碗机里，下班回到家再取出来？或者安排别人做这件事？我认识的一位家长在时间十分紧张时，他直接让她学步期的小孩穿着第二天要穿的衣服上床睡觉！

　　我打赌，一直由你负责的一些事务，完全可以转移到孩子的任务清单上。当然，要实现这个目的，你也许需要教会孩子做一些新的事情。如果女儿不会自己梳头发，那你要帮她学会。如果你想让她做自己的早餐，那就把早餐需要的材料放在她够得到的地方，并教会她怎么倒牛奶或者给吐司面包抹黄油。甚至，为了让她能够独立搞定早餐，你可以对她早餐的内容做些调整。

　　不要因为有些事之前总是你做的，你就一直做下去。教孩子学会独立，把责任移交给他们。千万不要小看他们。如果你期望孩子能在学校把自己的午餐盘子洗干净，那么他在家里吃完早餐后没有理由不能自己洗盘子。赋予孩子责任，也是在让他们为生活做好准备，并且的确能够提升他们的自尊。你可能得花一些时间才能实现任务的再分配，但这完全不像开启一项全新的工作那么难。向孩子传授经验和技巧确实费时费力，一开始你可能会觉得"还不如自己做呢，会更快些"，但是久而久之，以后你只要演示给他们看一下，你就可以放手去做别的事情了。

　　提醒你一下，孩子做事也许达不到你的标准。洗碗机里的餐盘可能会有点摇摇晃晃，他们一开始也可能会把东西洒一地，他们放裤子的抽屉可能乱成一团。但是，随着不断的练习，他们会越做越好，并借此慢慢掌握基本的生活技能。如果你总是对早晨所做的事项进行精细管理，坚持要求盘子放得整整齐齐，那你就只能一直亲手往洗碗机里放餐具了。想少做点事的代价，就是降低你的标准。事情少了，你的压力就会减轻，早晨的冲突也就能得到缓和。

　　一旦完成了任务分配，你就可以着手重新排列晨间事务的顺序，确保每个人最重要的事情都在过程结束时一起完成。这就是共赢！举例来说，如果看电视会干扰晨间例行程序的推进，那就把它挪到程序的末尾。你可以把允许看电视作为一种奖赏，用来奖励孩子及时穿上鞋子和外套！如果玩具是分散孩子注意力的根源，你就让孩子首先完成难度较大的任务，比如穿上衣服。把玩耍放在孩子的晨间例行程序的末尾环节，以鼓励他们尽快将例行程序履行完毕。如果他们能准时完成任务，你要在最后奖励他们，允许他们玩 10 分钟或者你搂着他们讲一个小故事。

为了避免掉入亲子关系陷阱，你也许需要换个地点做某件事情。如果孩子的卧室里放满了玩具，那就想办法尽可能让他们离开卧室。发挥你的聪明才智吧！孩子完全可以在洗手间穿衣服——只要衣服已经准备好，在洗手间里等着他们。如果孩子去洗手间的路上有可能拐弯走向玩具柜，导致情况对你不利，那你干脆让他们在厨房的水池边刷牙。你要设计好孩子在屋子里行走的路线，目的是让他们在完成自己最重要的任务（玩耍）之前，先完成其他任务。

改变晨间例行程序的优先顺序，移除程序中的障碍并且不断进行调整，直到你找到最佳方案。

移交控制权

一旦你精简了晨间例行程序中的事项，谨慎考虑了事项的顺序和地点，你就可以制作一个晨间任务清单或活动日程表给孩子，让他们了解你期望他们做哪些事情。对幼小的孩子，清单上的内容可以用图片来表达，比如牙刷图片、早餐图片、几件衣服的图片、一双鞋子的图片……把所有的图片按正确的顺序摆放。你也可以让他们自己画这些图片。如果孩子确实太小了，你或许需要把任务进一步分解成更小的步骤，先着重解决一些日常事务，比如一条裤子的图片、一双袜子的图片、一件 T 恤的图片……对年龄稍大一点的孩子，清单则可以抽象一些——也许不需要提醒他们刷牙，但必须要求他们检查自己的课程表，看看当天是否要带小提琴或运动装备包。

父母要设置一些基本规则，明确规定早晨允许做哪些事情，不允许做哪些事情。许多父母规定在早晨"无电子屏"，因为电视和电子产品会分散孩子的注意力，使得他们无法专心做该做的事情。电子屏或许很方便转移孩子的注意力，让你脱身去冲澡，但是，想想在此之后为了把它从孩子手中夺走而引发的斗争，这么做真的值得吗？有没有别的办法能让他们有事可做，或者，能不能改变一下任务的顺序呢？

我们并不想用唠唠叨叨、连哄带骗的方式让孩子完成例行程序。我们想要的是激励孩子为自己的日常事务负起责任，建立一套以"拉"而不是"推"为主的机制。无压力晨间时光的精髓在于父母对"激励"的运用，而不是一味地在事情出错时用纪律来压制孩子。

还记得你的"超能力"吗？运用你的关注去鼓励孩子执行晨间例行程序吧！晨间例行程序出问题的原因，经常是孩子为了博取关注而做出我们不喜欢的行为——拒绝穿衣服、慢吞吞地走路，或者用别的方式蓄意破坏例行程序。只要孩子没有按要求做事情，我们就会对他们唠叨、吓唬他们或者大喊大叫。这些虽然是消极的关注，但依然是关注，然而不巧的是，消极关注同样会鼓励孩子在第二天重复这个行为。反之，如果孩子在早上非常乖，非常听话，让干啥就干啥，我们常常会忽视他们。如果孩子好好穿衣服，我们就会急急忙忙转身去穿自己的衣服，或者在孩子安静吃早餐时跑去查看邮件。这样一来，孩子如果想得到父母的关注，唯一的办法就是做坏事或者不配合。

我们的目的是转变这种做法，在孩子成功完成早晨任务清单上的事项时给予他们关注。我们的注意力应当用来奖励我们愿意看到的行为，而不是奖励我们不愿看到的行为。这意味着，父母给予孩子的关注，应当是孩子遵守例行程序收获的成果，而不是蓄意破坏例行程序得到的回应。因此，父母要尽力抓住孩子遵守例行程序的行为，明确地告诉他们，你有多么喜欢他们的这个行为。使用描述性的称赞语言准确地告诉孩子，他们做了什么正确的事情："这么快就穿上校服啦！真棒！真是好孩子！"你的赞扬要亲切、真诚、热情洋溢。我知道你还得忙着给自己穿衣打扮，但仍要尽力，别忽视孩子做出的正确举动。你转身去穿自己的衣服之前，可以这样说："你自己穿上校服真是太棒了！如果你能在我回来之前把裤子也穿上，我会好好亲你一下！"

> **思考小贴士：**
>
> 什么东西能激励你的孩子去做他们并不特别想做的事情？什么可以让他们为自己感到骄傲？你怎样才能将晨间例行程序中的事项移交给孩子？为此你必须做出哪些调整？

善用激励

你也可以用奖赏来开启晨间例行程序。如果你已经制作好了活动日程表，可以将它设置成孩子每完成一项任务，你就在表格上打个钩，或者画个圈，或者贴个标签，或者给他们一个拥抱，或者狠狠亲他们一下。在年幼的孩子毛衣上贴张小贴纸，表示奖励他自己穿好了衣服，就足以让他鼓足干劲了。（对蹒跚学步的小孩，在他手背上贴香味贴纸特别管用。）如果让孩子上车对你来说是个问题，可以奖励他们"按时上车"贴纸。对于年龄大点的孩子，你可以在一张表格上贴标签或盖章，到一天结束时累计计算奖品（也可以攒到周末颁个大奖。），这样可以持续性地激励他们。把奖励表格贴在车里，或者贴在大门口的墙上，哪儿都行，只要能有助于让每个人按时走出家门。如果你的孩子对贴纸或盖章之类的奖赏没兴趣，也可以试试找个罐子，往里面投玻璃球（或者乐高玩具的拼片、硬币、乒乓球……），也可以使用梯形图或者积分。父母最了解自己的孩子，只要是能激励他们的方法，尽管用。

奖励孩子并不一定要花钱——让他们在车里听最喜欢的歌、多讲一个睡前故事、周末带他们去公园、烤饼干或者玩一个游戏，都是很不错的主意。最重要的是，让孩子对于奖励要有盼望和激动的心情，并愿意付出额外的努力去得到它。

一个激励策略通常需要 3 周左右时间才会产生作用。刚开始，奖励的实施要设置得门槛低一点、频率高一点。如果你觉得孩子第一天最有希望实现的目标是自己穿上一只袜子，那就从"穿上一只袜子"开始。你可以针对"穿上一只袜子"大张旗鼓地渲染一番，如果他们做到了，就给予奖励。接下来的第二天，告诉他们，如果他们能成功地穿上两只袜子，就给予双倍的奖励。然后，你把"标杆"再往前挪一步：他们要把两只袜子都穿好，还要穿上 T 恤，才能得到同样的奖励。就这样，慢慢地持续移动"标杆"，每次让他们多付出一点点努力才能得到一个奖励，直到他们能完成全部例行程序的内容，这时一个新的规范就建立起来了。

设置正确的例行程序不可能一蹴而就，并且孩子的需求也会随时变化。因此，只要你注意到自己早晨又手忙脚乱起来，别迟疑，赶紧回到白板前面，看一眼发生问题的时间、地点、人物、原因，琢磨一下能不能做一些调整。最重要的是脚踏实地，追求实效——这样不行，再试试别的。把晨间例行程序理顺了，有个好的开端，一整天都会心情愉悦！

行动小贴士：

◎ 分析你的晨间例行程序。把所有要做的事情列个清单，标明人物、地点和先后顺序。用写日记的方式记录问题发生的时间和地点。你在哪些节点上关注了孩子？他们得到你的关注时，正在做什么？他们在哪些节点上满足了自己玩耍的需求？

◎ 尝试把你的晨间例行程序中的任务变换一下顺序，或把某些任务换到另一个房间去做，看看会发生什么。

◎ 制作一份任务检查表或活动日程表，用来指导孩子完成晨间任务。在孩子完成每项任务时，运用积极的关注给予奖励。把玩耍的时间放在例行程序的末尾，促使孩子尽快把前面的事情做完。

● 第 8 章 ●

管理手足冲突

一定有许多职场父母和我一样，晚饭还没吃完就已经被孩子们的吵闹声弄得焦头烂额，恨不得去办公室加班。（然而，事后却又因为有这种念头而愧疚不已。）比起其他任何事情，孩子们无休止的争吵毫无疑问最能把宝贵的家庭时光弄得了无欢乐可言。忍受水平低下却没完没了的"游击战"、不屈不挠的"攀比"和由某些问题引发的争吵，以及一次又一次被召去调解"战争"，所有这一切足以把精神紧张的父母逼到崩溃的边缘。手足之间的冲突会刺激你的神经、耗光你的精力，让你每感下班回家如同奔赴战场——这跟你期待的那种相亲相爱、充满乐趣的家庭相聚时光实在相差太远了！然而，事情并非一定会是这个样子。

别误会我的意思。如果你有不止一个小孩，那么孩子们百分百会打闹、争吵、拒绝分享并且经常为了这个或那个原因扭打在一起。没有一个孩子在降生时就随身携带着全套社交技能——他们必须通过学习才能掌握如何与人合作和谈判、如何在事与愿违时调节自己的情绪。在自己的兄弟姐妹身上去实践这些技能，正是他们学习为人处世的途径。发生争吵是难免的。但是，如果争吵成了孩子们的家常便饭，那就有问题了。手足之间的纷争一旦变得根深蒂固，便会很快成为习惯并破坏整个家庭的氛围，折磨着早已疲惫不堪的父母，把家人在一起的时光弄得毫无乐趣。如果孩子们的争吵经常性地迫使你切换到"斗争模式"（变身成为怒吼的父母）或"逃跑模式"（躲进洗手间），那么你确实该采取行动扭转这个局面了。

手足之间为何会有争吵？

根据进化心理学家的观点，手足之间的对抗行为是一种自然现象。他们把手足关系比作"适者生存"的自然竞赛，即兄弟姐妹之间为了争夺有限的资源而相互竞争，也就是达尔文主义者所说的"争夺奶水的进化竞争"，尽管在现代亲子关系情境中，孩子们的争吵通常表现为争夺父母的关注，而不是真的为了抢夺奶水。

还有一些心理学家则认为，手足之间的冲突是为了发展出不同的身份，实现相互区分。孩子们要在家庭生态系统内"刷存在感"。他们不断地将自己与兄弟姐妹进行比较，并努力与他们区分开，从而建立独一无二的身份意识。这种追求差异的欲望常常会让一个孩子倾向于贬低兄弟姐妹，希望自己看起来比他们更好。

不过，很可能还有一些更简单的程序也在起作用。在手足冲突中，孩子的年龄差距是一个很大的原因。孩子们处于不同的发育阶段，各自的需求不同，对事物的理解也不同。举个例子，一个小宝宝拿走一个大孩子的玩具时，其实并没有什么恶意，但是大孩子却会把这个行为解读成"淘气"。那么，如果家长对待小宝宝这个行为时所用的方式与对待大孩子不一样或者更为温和、仁慈，大孩子就会产生强烈的不公正感。此外，他们也讨厌花时间和幼小的弟弟妹妹一起做一些很幼稚的游戏（他们自己已经过了那个阶段了）。有时候年幼的孩子会嫉妒哥哥姐姐，因为哥哥姐姐被允许做的某些事情，自己却不被允许，比如晚一点儿上床睡觉，或者和朋友们一起在外面玩更长时间。这些怨恨情绪和相互攀比的感受很容易使年幼的孩子产生愤怒感、挫折感或攻击行为。

孩子生下来后，对于他们的年龄差距，我们确实无法改变。（其实，任何一个双 / 多胞胎父母都会告诉你：别以为双胞胎就容易对付！）不过有个"好消息"是：造成手足冲突的罪魁祸首其实是我们这些父母。为什么说这是一个"好消息"呢？因为我们的行为是自己能够控制和调整的。我们如何回应孩子们之间的小冲突，很大程度上决定着这些小冲突是停留在可管控的水平，还是会升级为日常惯有的打架斗殴或消耗战。如果父母经常处于偶尔管用、长期来看却适得其反的行为模式，就会让手足冲突的情况变得更糟。举个例子，如果父母看到孩子的不良行为便一通怒吼，那么孩子有样学样，相互看不惯时便对着吼，这就毫不奇怪了。

还记得我们在第一章里讲过的亲子关系陷阱吗？手足冲突是最棘手的育儿问题之一，是最容易让父母陷入"行为不一致"这个陷阱的。如果某一天大孩子欺负小弟弟的行为被大人忽视了，第二天却因为同样的举动被拎到一边"计时罚坐"，他就很难认识到怎么做才是正确的。遗憾的是，我们辛苦工作了一天之后，看到孩子们又在互相吼叫，的确很难保持行为的一致性。相反，我们的做法经常从一个极端跳到另一个极端。某一天，当我们的忍耐值为 0 时，孩子们可能刚刚露出要惹麻烦的苗头就被我们赶进卧室去了。而另外一天，当我们感到难以忍受时，可能会躲进卧室，拿枕头捂住耳朵，躲开那些噪声。

但是，在手足冲突这个问题上，你面临的最大陷阱是给予负面行为太多的关注。你要做的事情堆积如山，正好孩子们在好好玩耍，你自然很想任由他们去玩（以便腾出手做别的事）。只有在孩子们斗嘴打架时，你才会注意到他们。最终，你实际上是关注了你不希望发生的行为（打架），而忽视了你希望发生的行为（友好玩耍）。我在前面已说过，孩子们会倾向于重复那些能够吸引父母注意力的行为。于是，孩子们很快就会领悟到，要想吸引妈妈或爸爸的注意力，最灵验的办法就是打弟弟或妹妹。于是，他们便会倾向于干这种事，不是拉弟弟或妹妹的头发，就是掐他们，用讨厌的称呼叫他们，或者抢他们的玩具。你还没回过神来，家庭生活就陷入了消极状态——孩子们不停打架，你不断地被拖去解决问题。到了那时，你就会只想逃离，除了在这儿，去哪里都行。无论如何，你都不会想要这样的家庭生活。

> **思考小贴士：**
>
> 在一天或一周中，有没有某个特定时刻、特定地点或特定活动似乎总能让你的孩子陷入争执？如果答案不太明显，你可以连续做一周的记录，记录一下争执发生的时间、地点和原因。最短的和平相处的时间有多长？

鼓励孩子的合作行为

改变孩子行为的第一准则是什么？是明确规定什么样的行为叫作"表现好"，并鼓励孩子有更多这样的表现。兄弟姐妹之间要学会解决分歧，并且相互礼貌、关心、合作（这既是为了他们好，也是为了我们好）。所以，父母重点要做的事，是教会孩子们怎么做正确的事情。

父母要想把注意力从孩子的错误行为上移开，转而关注其正确行为，最好的策略是制定一些积极正面的基本规则。有了这些基本规则，孩子们就更容易注意到什么样的行为才算"表现好"，并且能更经常性地这样做。如果手足互动中有某个不良行为是你想要改变的，那么你就可以制定一条家庭规则，并大力提倡正确的行为，让它取代原先的不良行为。举几个例子：如果孩子说话很难听，你可以把"友好地说话"或"使用善意的词语"作为一项基本规则。如果孩子习惯用身体攻击别人，那么你要制定的基本规则就是"动作要轻柔"或"手要轻"。如果孩子总是大喊大叫，基本规则可以定为"安静地说话"或"说话声音小一点"。父母在制定规则时，要选择孩子能理解的词汇。

你可以列举一些事例，和孩子一起逐个讨论，分出哪些行为符合规则，哪些不符合。花点时间讨论哪些词语是友善的，哪些词语是不友善的。如果你是和幼儿讨论，你可以拉起他们的手，让他们轻轻抚摸你的胳膊，演示"动作要轻柔"是什么意思，或者让他们练习如何"轻轻地"抚摸泰迪熊。孩子们也许喜欢把规则做成海报，装饰美化一番，贴在厨房的墙上——无论用什么方法，只要能让孩子们注意到它就行！记住，这条基本规则对大人也是适用的，所以，如果你们已经达成协议要"用善良、友好地说话"，那么你作为家长也不可以再大吼大叫！

一旦制定了规则，你就要随时留意观察，多注意孩子遵守规则的行为而不是破坏规则的行为。感谢孩子说出的每个友善的字眼（"谢谢你这么友善地对妹妹说话！"）或做出的每个轻柔的动作。表扬孩子时，要热切、真诚——毕竟你真的很喜欢孩子这样的行为，并且希望他们继续"发扬光大"。尽量捕捉孩子们良好的行为表现，并且明确地告诉他们，你有多么喜欢他们这样做。他们做得不好的时候（肯定会有的，因为他们只是孩子，不是机器人），提醒他们良好的行为表现应当是什么样的，并提示他们怎么做才对（"还记得说话要友善这个规则吗？你试试用友善的词再说一遍。"）

基本规则可以是需要一直执行下去的规则（如家规），也可以是只针对某些"高风险时刻"的专门规定。所谓的"高风险时刻"，是指当父母知道孩子们很有可能以打架收场的时候，比如他们在玩某个特定的游戏或玩具时，有朋友来访时，坐车时，短途出游期间，甚至只是一天中的某些特定时段（如晚餐或洗澡时），总之，就是他们似乎一直在斗嘴的时候。在孩子们进入"高风险时刻"之前，专门制定一些清晰明确的规则，则可以使局面大为改善。事后父母要尽快介入，大力表扬孩子们遵守了这些规则。

把你的"关注之光"调到最大亮度，运用描述性的语言表扬孩子，明确地鼓励他们良好的行为表现。例如，"你愿意轮流玩，这太好了！"或者"好孩子！你肯把玩具让给妹妹玩，我真的很高兴！"或者"谢谢你用好好说话的方式要玩具。我能看到其实你已经等得不耐烦了，但是你却能好好地提要求，你做得很对。这样很棒！"如果孩子们打架或争吵的坏习惯很难改变，那你就可以考虑做一个短期的奖励图表，给你的"表扬大法"添加推进剂，尽快扭转不利的局面。

奖励图表是个了不起的东西，能把孩子们的思想牢牢吸引在正确的行为表现上，并激励他们再接再厉。首先，确保你对想要鼓励的行为给出了清楚明确的定义，然后把一天（或一个晚上）切分成若干小块。孩子们只要彬彬有礼地相处（如没打架）半个小时，就能得到一个对钩、一个积分、一颗星星或者一张贴纸。到一天结束时，把它们累计为小的奖赏，也可以等到一周结束时累计为更大的奖赏。刚开始时，要保证孩子们能够去执行。如果你认为他们实际上只能保持 15 分钟不吵架，那就先设置为 15 分钟。不要设定那种很努力才够得着的目标——要让他们像登台阶那样一步步轻松往上走，而不是大步跳跃前行。我们想要孩子做正确的事、体验奖赏、再次做正确的事……如此形成一个新的习惯。你可以缓慢移动"标杆"，告诉他们必须把良好的行为表现保持得更久一点才能得到奖赏。当和平安宁的亲子模式建立起来时，这张奖励图表就可以逐步"隐退"了。

■ "不公平！"

为什么所有的孩子都能用音乐般的声调抑扬顿挫地抗议"不公平"呢？我们太熟悉这句话了！通常情况下，孩子们理解的"公平"意味着分割每样东西时都要大小完全一样：蛋糕要切得每块一样大；一片饼干分成两半要完全对等；坐沙发每人 1/3 的空间要划分精确。只要没得到"公平"（或更多）的份额，他们就会抱怨。

一般来说，"不公平"是一句相当空泛的指控。（有没有谁曾经忍不住反驳孩子说"生活本来就不公平"的？举个手！）但是，如果你把这句"不公平"当真，那你的孩子也会当真。接下来，你会发现自己真的在数每颗糖果、称量每粒食物、计算花掉的每分钱。从数豆子开始，到遗产诉讼结束。我还真不是在开玩笑。我认识的一位妈妈就是被这种"不公平"游戏给牢牢困住了。她 10 多岁的儿子抱怨说，哥哥上武术课花的钱比他学橄榄球花的钱多，于是她同意为小儿子开个储蓄账户，把少花的那部分钱存进去。（平心而论，她是一个绝对优秀的家长，但她的小儿子不屈不挠、百般纠缠，弄得她只好投降。作为父母，我们都对那种折磨深有体会，能理解她为何无法继续抵抗。）

作为成年人，我们必须知道有一点真的很重要，就是父母不能强化孩子们之间的抵触感或者参与他们的竞争。只要孩子认为待分享的糕饼数量有限，就必然会制造出"赢家"和"输家"，因为这意味着一个孩子得到的多一点，其他孩子得到的就会少一点，而这种"非赢即输"的形势很容易激起孩子们的负面情绪，比如恐惧、嫉妒和愤怒。最好的解决方案是"按需分配"，而不是始终做到均分。所以，当你切苹果派给孩子们当甜点时，如果他们抱怨"不公平！他的比我的多"，不要跟他们玩拿尺子量大小的把戏，直接指出他/她需要的是什么："你还饿吗？你还吃得下一整块吗？还是半块就够？"同样，如果孩子抱怨说上武术课比学橄榄球花的钱多，你就可以直接问他们："是不是想改上武术课？要不另外换个别的爱好？"

以此类推，如果某个孩子试图把你的注意力从兄弟姐妹那儿抢走，嚷嚷着"妈妈，我要给你看样东西！妈妈！妈妈！你跟乔希说话好长好长时间了！"这时你就可以说："你说的对，我一直在陪乔希，因为他做家庭作业遇到困难了。我知道等待是件挺不容易的事，但是如果你遇到什么困难，我也一样会帮你的。"尽力给孩子解释——当他们真正有需求时，他们的需求也会得到满足，这才是真正的公平。公平不是指所有东西都要平分。

你要尽力向孩子们传达一个信息：父母的爱和蛋糕不一样——爱是无限的。你可以拿几支蜡烛，用一种很可爱的方式给孩子们做讲解。把孩子们召集在一起，把灯光调暗，用火柴点亮一支蜡烛。（当然，要保持距离，注意安全。）向孩子们解释，这烛光象征着当第一个孩子降生时你所感受到的爱。花一点时间描述你有多么爱那个孩子，为什么那个孩子那么特别，而你是多么享受拥有他的生活。随后，你取出另一支蜡烛，在第一支蜡烛的火焰上点亮第二支。给他们解释，这支蜡烛象征着第二个孩子降生时你所感受到的爱。花一点时间描述你有多么爱那个孩子，为什么那个孩子也那么特别，而你是多么享受拥有他的生活。让孩子们看着这两个火苗，询问他们，当第一支蜡烛的火焰用来点亮第二支蜡烛后，它的火苗变小了吗？给他们解释：父母的爱就是这样的，足够照亮每个孩子。如果你的孩子不止两个，以这种方式继续点亮蜡烛，有几个孩子就点几支，中间不时停下来，看着光亮丝毫不减的烛火，告诉他们，你是多么爱每个孩子，他们是那么的特别。这种做法的要点是不但能让所有的孩子都感受到你的爱，而且能帮助孩子们理解真实的公平，并不是"非赢即输"（一个人多了，另一人就少了），而是"共赢"——让每个人的需求都得到满足。

■ 为什么让孩子去分享如此困难

作为父母，我们会经常告诉孩子要学会分享，但是让小家伙们说"分享"其实是有很大问题的。在任何一个活动中，不同的参与者对于"分享"的含义常常有着不同的理解——想想大人们经常为了公平分享（分担）某些东西（比如时间、金钱、餐馆的账单）要争论多久才能统一意见。

幼小的孩子们根本没有能力去理解"分享"这样的抽象概念。对于学步期的幼儿来说，毫不含糊地想要另一个孩子正在玩的玩具，是他们成长发育过程中的一部分，我们对此早已司空见惯。你的儿子正在玩他的玩偶，另一个蹒跚学步的孩子走了过来，丢下自己的玩具，想要得到那个玩偶。于是，你鼓足勇气，鼓励大孩子要分享、友善（不要让小妹妹发脾气），劝说哥哥把他的玩偶给小妹妹玩。于是，哥哥开始玩一个小汽车，可是小妹妹却立即丢下玩偶，要那个小汽车！

对于这种情况，学步期的幼儿是不会感到尴尬的，她只是刚刚开始去学习怎么跟另一个孩子玩耍。幼儿是通过观察和模仿进行学习的。婴儿只要能够坐起来，就经常痴迷地看着其他孩子玩耍。一旦能够摇摇晃晃地走路，他们就想要加入了，但他们还不具备参与合作式玩耍的社交技能，而学习掌握这些技能的第一步，便是要求玩和其他孩子一样的玩具！对于一个刚刚学会走路的孩子来说，最好玩的玩具，便是其他孩子手里正在玩的玩具。

比起教育孩子要"分享"，我更喜欢的观点是：应当帮助幼儿学习怎么与他人合作。孩子不是天生就懂得与人合作的，它就像学骑自行车，需要实践和摔倒几次（当然，有的孩子学得快，有的孩子学得慢）。与年幼的孩子交流时，可以把"合作"进一步分解成不那么复杂的行为，比如"轮流玩"。我们可以和孩子玩一些简单的游戏（比如，投球、抓球或用一副带图画的扑克牌玩"抢对子"游戏），让他们学会轮流玩耍。在游戏过程中，你一定要说出"轮流玩"这样的字眼。你可以说："轮到你了……轮到我了……轮到你了……轮到我了……现在轮到谁了？"同时用大量的称赞强化这一点："这样轮流玩真的很棒！"并且在孩子搞错时使用一些特别语句，比如说"现在轮到我了"或者"请让我玩一把好吗？"学会轮流玩，是幼儿走向复杂度更高的合作式玩耍的第一步。

我简单说一下关于玩具占有权的问题。父母常常会百般纠结，不知是否应当强迫一个孩子分享本属于他/她的玩具："这是她最喜欢的布娃娃耶！""他真的很喜欢那个熊啊！""那可是她的生日礼物啊！"。为了避开这个问题，许多父母发现有一个办法比较管用，就是为每个孩子开辟一个专门的角落，用于存放一些不必拿出来分享的玩具；或者挑出一些特别的玩具，有小朋友来玩时就收起来。我个人曾经用过的则是另外一个方法。我的两个儿子小时候是住同一个房间的。我们没有专门的游戏室，起居室也不大，没地方供他们抓着泰迪熊甩来甩去，所以所有的玩具都在他们的卧室里，并且所有的玩具都存放在一起——小动物玩具在一个板条筐里，恐龙玩具在一个板条筐里，柔软的玩具在一个板条筐里，如此等等。（我可喜欢收纳了！）没人知道这些玩具分别属于哪一个孩子，他们俩对玩具的使用权利也完全平等，谁也不比谁更有权玩某个特别的玩具。所有的玩具他们都共同享有。理论上，他们只有在得到玩具的第一天可以专门拥有它，随后它就归二人共有了。

说实话，他们很少会单独玩上一整天才让那个玩具变成共同财产。家里有两个同性别的孩子，采用这个方法的确相对容易，但他们的行为也恰好证明了，如果我们强化某些规矩，孩子们就能学会自觉遵守。如果一个孩子正在玩某个玩具，而父母在知道另一个孩子也喜欢它时采取了不正确的态度，孩子就会有样学样，而且学得很快。但是，如果我们给孩子提供恰当的方法，让他们自己去谈判和解决问题，他们也能找到折中的方案。

思考小贴士：

当你去给孩子们解决争议时，你会用什么样的行为给孩子们做示范？你会急于判断谁对谁错或者急于责备谁吗？你会强加一个解决方案给他们并期待他们遵守吗？你有没有提高嗓门说话？你是否一心想要把事情处理得公平公正？你有没有想过让孩子们学会今后自己解决争议？你示范给孩子们的行为有助于这个目标的实现吗？

■ 教给孩子们如何自己解决问题

职场父母真的非常擅长解决问题——因为我们有大量的实践经验。让孩子们穿戴齐整、填饱肚子、配齐装备，还能按时把他们弄出家门，已经堪称"史诗般的壮举"，充分展现了我们解决问题的智慧与技巧（只有白天才具备）。然而，正因为我们太擅长解决问题，总忍不住插手孩子们的争吵，总想替他们摆平争议，比如决定某个玩具应当归哪个孩子玩，或摆上计时器，让他们公平地轮换着玩。但是，如果我们总这么做，孩子们就无法学会自己解决问题，他们会一直需要父母出面为他们平息事端。

对于职场父母来说，时间是最宝贵的东西。如果我说我能给你更多时间，你信吗？教会孩子自己解决问题，岂不正是帮你节省了时间？想想吧，如果你不需要花费时间解决孩子们的矛盾，那你就能腾出空来多做一些事情！你只是冲过去为孩子们摆平一切，或强加给他们一个解决办法，这种做法看似比较有效，但不利于孩子们的成长。孩子们一旦能够彼此交谈，开始具备合作式玩耍的初步意识（大约从 3 岁开始），你就可以教孩子们共同解决问题。这项时间"投资"能在接下来的至少 10 年内为你的家庭生活带来极其丰厚的回报，更不必说孩子们一旦掌握解决问题的技能，将给他们的社交、情感和学业成功带来多大的好处了。

对于绝大多数职场父母而言，解决问题已经成了一种根深蒂固的习惯，以至于我们极少停下来去思考，我们究竟是怎么解决问题的。不过，基本上所有的问题都是以同样的方式解决的：

● 澄清问题；

- 开动脑筋，尽可能地搜罗解决方案；
- 评估这些解决方案，逐一分析利弊；
- 选择我们认为最有用的解决方案；
- 把这个解决方案付诸行动；
- 审查这个解决方案是否起作用了，是否需要尝试其他解决方案。

　　至于什么方法管用，父母们一般都有长期积累的经验，在此基础上，他们能迅速地完成这个过程——从问题直接跳到解决方案。当孩子们还在为一个玩具争来吵去的时候，父母已经十分干脆地提出了可行的解决方案："你们每个人玩 5 分钟，然后相互交换。"或者"今天归你玩，明天归他玩。"但是，如果我们总是这样直接丢出一个解决方案，孩子们就没有机会学会自己解决争执了。而且，因为这是我们提供的解决方案（不是孩子自己想出来的），所以我们常常还得扮演"警察"去维持秩序、保障解决方案得到实施。

　　要想鼓励孩子们自己解决问题，我们就必须放缓这个解决问题的过程，把问题分解成不同的部分，清楚地示范给他们看，如何用合作的方式解决问题。然后，我们应当后退一步，不要替他们去做这件事情。

　　下次当孩子们为了某个玩具或某个活动打起来的时候，你不妨试试下面的做法：

- 立即介入——不要让争执升级成打架。帮助孩子们澄清问题，问他们"发生了什么事情？"倾听他们怎么说，稍加总结后说给他们听："这么说，你们的问题是两个人都想要同一个玩具。"

- 下一步，引导他们想办法解决这个问题。你可以提问："那我们怎么解决这个问题呢？你们有什么主意吗？"一开始，每个孩子说出的想法肯定都是为了让自己能拥有这个玩具。但你要坚持住，直到他们提出一些可选方案。你可以说几句鼓励他们的话，比如："好的，这是一个主意。不过我们需要很多好主意来解决这个问题。"帮助他们轮流说出想法，直到他们真的绞尽脑汁也想不出新点子的时候，你再说出自己的想法。

- 现在你收集到了各种各样的主意。接下来，鼓励孩子们对这些不同的解决方案进行评估，思考每个方案会产生什么后果。在这一步，你这样提问比较有用："你们这么做，可能会发生什么呢？"

- 询问他们会选择哪个方案——要求他们必须选择两个人都能同意的解决方案。我要提醒你一下，孩子们一致同意的某个解决方案在你眼中可能非常低级、不公平或者根本不会有用。但是，没有关系，哪怕你认为这不是最好的解决方案，只要孩子们自己能达成共识，那就让他们去尝试好了。玩耍是孩子们的专长，有时候他们的方案真的比大人的好！而且，如果是孩子们一起做的决定，他们通常会更乐于执行这个解决方案，而不是妈妈或爸爸强加给他们的解决方案。

- 让他们去试一试自己的方案。（姿态放低点，万一事实证明错的是你呢！）

- 如果这个解决方案仍然不起作用，他们又吵了起来，你就回去和他们一起审查之前的决定（"好吧！看来这不是最好的解决方案。你们想再试试其他方法呢？"）。

记住，孩子不像大人那样拥有一个可以解决问题的经验库，有时候他们会提出十分荒谬的想法，或者想主意时慢得令人沮丧，说不定还会故意捣乱。只要这个过程在任何阶段宣告失败，你就把玩具拿走 5 分钟，过一会儿再试。要一直坚持这么做。训练自己不要直接跳到解决方案（"我想你们应该这么做"），而是运用教练式的提问帮助孩子们找出自己的解决方案（"你们想出什么好主意了吗？"）鼓励他们对自己的解决方案进行评估（"如果你们选择这个方法，可能会发生什么事情呢？"）并鼓励他们做出自己的选择（"那么，你们选择哪一个方法呢？"）。记住，要允许他们犯错误。你也许看得很清楚，某个解决方案其实很糟糕，但是要任由他们去尝试（除非这个方案会造成严重且长久的破坏），让他们自己发现这不是一个好主意。结果不如预期、回顾审查、改变方法，这些都将帮助孩子们建设自己解决问题的经验库，相信今后他们便能更好地解决问题。

显然，上述方法对于还不会说话的幼儿是无法使用的。不过，当你看到一个 3 岁的孩子竟然能想出很棒的主意时，你一定会对他的能力大感吃惊！如果你始终坚持与孩子们一起执行这个解决问题的过程，他们就会逐渐学会交流、一起想主意并以合作的方式解决问题。一旦他们掌握了窍门，你就可以慢慢撤退，逐步减少鼓励和引导，总有一天，你会听到孩子们在另一个房间里叽叽喳喳，自己实施这个过程，而根本不再需要你的参与了。

■ 打造家庭团队精神

你还可以召开家庭会议，将这个解决问题的方法进一步扩大应用范围——特别是在孩子年龄稍大一些的情况下（其实年幼的孩子也能冒出金点子，只要你问他们）。家庭会议是一个特别好的沟通方式，能帮助孩子学会恰当地表达自己的需求和观点，同时学会顾及他人的需求和观点。不仅如此，家庭会议还是家庭成员就家中的限制条件和基本规则统一意见的极佳形式，有助于打造家人齐心合力的团队精神。

家庭会议可以是正式的，也可以是非正式的，这个随便你，但一定要简短。我们在这儿讨论的可不是冗长的商业会议！你可以定期召开家庭会议，或针对某些问题临时召开专门会议；如果你愿意，可以安排某个人做会议记录；你还可以做一个会议议程表——多试试各种不同的形式，看看哪些形式在你家里最有效（我家的家庭会议上总是有蛋糕的影子）。这个办法是为了帮助孩子学会倾听他人的意见并共同做决定。制定一些简单的会议规则是必要的，比如"每个人轮流发言""对别人的观点和感受要给予尊重"。学会用倾听和讨论的方式解决问题、用平静礼貌的方式提出异议，这些都是孩子们能从家庭会议中获得的重要价值和领悟。

当孩子们帮忙想出解决方案的时候，他们也会备受鼓舞，更愿意把这些解决方案付诸实施。

与孩子们携手解决问题，能够打造团队精神、传递积极的情绪和意愿，而这些都是我们正在努力创造的"共赢"局面的基本特征。共同解决问题、真诚倾听对方意见，能增强家人之间的联结，因为它会让每个人都感到自己的声音被听见、理解、珍视和接纳。邀请孩子们帮忙一起解决问题，可以让他们放下对立心态（父母与孩子之间的对立），丢掉消极思想和负面情绪。你们不再处于相互指责的氛围中，而是能够像团队成员一样携手合作。尽管你们一起努力得出的第一个家庭解决方案可能并不管用，但是你们已经构建了一个可供学习和尝试的基本框架，所有人都已乐在其中。

家庭会议还可以用来解决实际的问题（比如，商量早晨四个人怎么用同一个洗手间，还得保证大家都不会迟到）；也可用来对家庭限制条件和基本规则达成统一意见；还可以专题研讨一些更棘手的问题，比如你们应该怎么相互对待彼此。如果孩子们的争吵不休正在把你逼到狂怒的边缘，你不妨选择一个平静的时刻，让他们坐下来，和他们探讨："每次我们坐下来吃晚饭的时候，你们两个就开始互相争论，这样真的让大家都很不愉快。我真的想要好好享受一家人吃晚饭的这段时间。我们能不能一起想个办法，少点争论，多点开心呢？"你可能需要多一点坚持，但是家庭会议的确有助于增强家庭成员的团队感，使家人达成一致意见。这会让亲子教育中比较困难的部分变得容易许多。

> **行动小贴士：**
>
> 全家人一起坐下来，以家庭成员应该如何相互对待彼此为主题，制定一些规则并达成共识。规则中必须描述清楚你想要看到的行为（而不是你不想看到的行为）。所有人一起约定孩子们遵守规则后应当得到的奖励，以及违反规则后将要承担的后果。

● 第 9 章 ●

让家庭作业变得轻松

如果你正在努力关掉工作模式并切换到充满好奇心、富有童趣和共情力的亲子模式，孩子的家庭作业将是你要面临的重大挑战。因为家庭作业是任务，是必须好好完成的任务，是必须在规定时间内好好完成的任务，是必须在规定时间内好好完成并把结果呈交给老师审查的任务。"作业"这个词本身就有着"工作"的含义，意味着其中有一些目标需要孩子和父母努力去实现！家庭作业总是能击中职场父母前额叶皮质的"甜蜜点"，激活我们以目标为核心的神经元，并将我们直接"打回原形"，回到关注结果的工作模式。

孩子们做家庭作业的时间点，对于职场父母来说，永远是错误的时间点。父母的夜晚早已不堪重负——孩子们总想抓着父母不放，父母也希望能享受一下和孩子相聚的时光，而且每个人都已经很累了，盼望着能休息放松，但还要做饭、整理明天要用的东西、洗衣服、洗澡、找运动装备包（一次又一次）、打电话……忽然，家庭作业又不由分说地挤了进来。我们知道孩子必须做作业。我们知道作业将为孩子的成长做出十分宝贵的贡献（至少理论上是这样的）。但家庭作业真是父母和孩子都恐惧的东西，因为这些需要在家里学习的任务常常毫无乐趣可言。然而，乐趣却是孩子学习的一个关键要素。

宝贵的家庭欢聚时刻被学校塞满了数学题，确实很难叫人不生出几分厌恶之情。

对于许多职场父母来说，孩子的家庭作业（或幼儿的阅读拼写）已经变成了"战场"。作为父母，我们既盼望孩子在学校表现优秀，又期待他们有更广泛的兴趣爱好和健康的身心，我们也知道必须在这二者之间找到平衡点。可实际情况是，我们自己因为工作累到情绪暴躁，大脑额叶始终处于关注目标的工作模式，而孩子们却似乎有意抗拒，怎么也背不会乘法表（尽管他们昨天还背得挺好）。这种情况下，我们经常发现自己没那么容易同时兼顾"关爱孩子身心健康"和"帮助孩子达到成绩要求"这两大目标。要想让孩子成绩好，就不可避免地要对他们施加一定的压力。如果你的孩子懂得为付出努力而自豪，并主动勤奋地做家庭作业，那你的运气实在太好了！但是，几乎没有哪个孩子能高高兴兴地在规定的时间做完每份家庭作业。孩子或者感到疲劳；或者更愿意去做自己真正喜欢而且有益的事情，比如画画、练习芭蕾舞或为蚂蚁们造树屋；或者只是不想做完所有那些课外加法题，因为不管他们做多少道题，也没法真正搞懂乘除法，而且作业错得越多，他们的感觉就会越糟糕。

我们都想当好父母，而且不断有人这样告诉我们：好父母应该和孩子们一起阅读，保证他们做好家庭作业。于是，我们总是奋力推动孩子的学习，不惜用威逼恐吓的手段压着孩子坐下来写完每道题，不管他们愿不愿意。我们真的不想这样度过晚间时光（孩子们肯定也不想），可是别无选择啊！难道不是吗？

家庭作业的意义是什么？

　　让低龄儿童做家庭作业是否有好处，教育学家们对此是有分歧的。确实，我的两个孩子几年来带回家的一些家庭作业看起来完全没有意义。我 11 岁的儿子有一次的法语家庭作业是查单词，可是要查的单词却是英语的。好吧，作为一个合格的语言老师，我久久地凝视着他的查单词作业，试图理解学习法语的目的是什么，却什么也没想出来。最后，我只能替他做了这项作业。（这件事不太光彩，我也不建议你们效仿。但是那次，就在同一个星期内，我刚刚因为另一个与此事无关的问题怒气冲冲地写了封电子邮件给学校，然后被贴上了"无理取闹的家长"标签。所以那时我断定，无论是与学校作对还是和儿子斗争，都不值得我那么费心费力。）

　　选择养儿育女，可以说就是选择了"战斗"，但如果是为了家庭作业而"战斗"，那么我们最好还是先搞清楚。我们的目的是什么？对于绝大多数父母而言，辅导孩子的家庭作业是为了帮助孩子搞好学习，发挥他们的潜力。但是围绕家庭作业不断斗争，真的是实现目的的最佳方式吗？

　　支撑正规课堂教育的一个重要教学原理是：重复有助于学习。脑回路使用得越频繁，神经元的连接就越牢固。我到现在还记得孩提时代的电话号码和邮政编码，它们是大人为了安全起见反复灌输给我的。同样，我记得字母歌、主祷文、儿歌和某些诗，因为我童年时代的若干时光都全心全意地投入到这些东西上面了，而且学习的方法是死记硬背——一遍又一遍地重复，直到它们深深地刻在我的脑海中。"熟能生巧"的原理不容置疑，所以通过做家庭作业让孩子获得额外的练习，这对学习必然是有帮助的。

　　然而我们也知道，如果孩子们真心喜欢学习某样东西，如果它真的很有趣，那他们根本不需要重复那么多遍。有一次，我儿子的科学课得了 100 分，我问他为什么考得这么好（因为实在太稀罕了），他兴高采烈地讲了一通科学老师上课的故事。那位老师正讲着关于太阳系的知识，却突然毫无征兆地从课堂上跑掉了。全班同学——一群 9 岁多的孩子——全都迷惑不解地看着老师一边大踏步地穿过操场，一边大声地数着步子。他一直数到 149.5 步，然后从一排灌木丛后面掏出一张巨大的太阳图片，高高举在手里。（地球和太阳的平均距离约 1.496 亿千米。）而且，他在讲解整个太阳系时，让孩子们在操场上站好位置，并让他们抓着很长的绳子相互绕着对方转动。那是我儿子上科学课觉得最好玩的一次，也是他那个学年考试成绩最好的一次。让学习充满乐趣，意味着可以减少重复的次数。越好玩、越容易记，孩子们就学得越快。

　　学习的乐趣在于内容与过程，而不是结果。相比之下，当父母过于注重家庭作业，把它当成提高成绩或提升阅读水平的最佳方式，并为此投入大量时间和精力时，就会只盯着结果，不能自拔。这是一个典型的职场父母的效率思维陷阱："家庭作业对孩子的学习有好处。我是一个好家长，辅导孩子学习是我分内之事，所以我必须不惜任何代价，压着孩子完成所有数学作业并且要全部做对（他最好赶紧做完，好让我脱身去做一些别的事情）"。这样我们的注意力就跑偏了，变得一味关注需要有所产出的某项作业、需要阅读的书或者需要学习的拼写，学习的目标则变成了"完成作业"或者"取得好成绩"。就这样，我们又掉进了以目标为核心的工作模式。于是，只要看到孩子慢吞吞地做作业，或者做错了题，或者忘掉了前一天明明还记得的东西，或者对着某项任务犯难而我们认为他们"应该"有能力做到时，我们就会深感受挫。做家庭作业变成了一种悲惨的经历，而我们也会变本加厉，越发用力地催促孩子快点做完作业。同时我们很容易将挫折转化为指责，或者掩饰不住沮丧之情，最后让孩子感觉自己糟糕透顶。

然而，作为父母，我们真正的"家庭作业"并不是教给孩子某些知识，而是帮助他们获得技能和端正态度，让他们变得善于学习、想要学习（不管是什么类型的学习）。支持孩子的学习，不是让他们交上一篇完美的作文或者得到高分，而是教会他们如何对待学习的过程。孩子们需要学习"如何学习"。（或许把"家庭作业"改为"家庭学习"更好懂一点！）

家庭作业的真正意义，从来不在做完的那些作业中，而是在学习的过程中。

事实上，作为父母，如果我们过于关注结果（分数），其实就是在变相地破坏孩子的学习。那些为了得到高分而辛辛苦苦做功课的孩子，会给自己贴上失败的标签，进而停止努力。而那些真的得了高分的孩子，会变得害怕失败，逐渐变成了毫无益处的完美主义者。这简直是疯了，因为失败对于学习本来就是必不可少的！我们真正想要的"家庭作业"，是让孩子不害怕失败、不向困难低头——因为犯错就是学习的一部分，应当得到庆祝："我做错了这道题——哦耶！现在我知道不应该那么做了！这就是收获！"

家庭作业的真正目的，应该是培养孩子的学习兴趣和好奇心，而不是单纯为了完成一项任务。以阅读为例，每天晚上，孩子们把阅读课本带回家，你需要听他们读，并在令人畏惧的阅读日记上写评语。不管是晴天还是雨天、书本有趣还是乏味、心情是好还是坏，你的任务就是强迫孩子读一些单词，好让你履行完亲子教育的义务，在家庭作业日记中写上评语，把任务清单上的"阅读"勾掉。不是这样吗？然而，如果我们的目标变成努力让孩子摆脱阅读任务，让他们自己觉得还想再读几页、多读几次，那会怎样呢？只要我们不再关心某本书是否读完了（或者孩子是否在阅读），而改为关注孩子是否享受阅读的时光，就会有一份全然不同的体验。当孩子把一本新书带回家的时候，你不要匆匆忙忙地打开。花点时间看看书的封面，给孩子提几个问题；跟孩子讨论一下书的标题和插图，回忆一下你读过的其他有类似名称或角色的书，让孩子猜猜这本书讲了什么故事。事实上，这就是父母要做的所有事情，至于孩子读不读这本书，我反正根本不会介意！然而，当你真的有空打开这本书的时候，心情已然完全不同。

帮助孩子变成阅读小能手，才是家庭作业的核心要义，所以尽量不要在分数或结果上花太多力气。如果家庭作业正在把你的家变成"战场"，那请你赶紧宣布"停火"，你要向后撤退，重新部署兵力，着重寻求兴趣与满足感。挑战一下你自己，务必接受这个事实：你真的无法控制孩子学什么或不学什么。我们无法把"学习"拎起来塞进孩子的脑袋（对孩子强行灌输只会起到反作用，导致孩子很快产生厌恶感），我们能做的，只是优化学习条件并支持孩子认真学习。

职场父母面临的家庭作业陷阱：

• 替孩子很快做完作业

• 把所有事情积攒到周末

• 每天晚上都如同打仗

• 关注短期成果（完成任务或追求单科成绩）而非长远的成功（养成好的学习习惯、培养学习积极性）

让做家庭作业成为一个令人愉快的好习惯

你无法把有说服力的想法从孩子的脑袋里驱赶出来并转移到一张纸上（反之亦然）。一旦接受了这个事实，你就会去关注那些你实际能够控制的东西——为学习提供良好的环境。在理想状态下，这意味着这么做会让学习充满乐趣，令人愉快。但我们还是要务实一点——或许有那么几个晚上，你下班回到家后仍能量满满、大脑往外冒各种有趣的数学游戏，或者还有力气用滑稽搞笑的音调朗读故事。然而，绝大多数时候，你只想瘫在沙发上一动不动。所以，千万不要把目标设定为"让家庭作业总是十分有趣"（然后不停地因失败而自责）。相反，你要致力于让做家庭作业变成一个"没有那么不愉快"的低调沉稳的习惯。

养成一个新习惯的最佳方式是设置一个常规程序，然后坚持它。从长远来看，我们希望孩子能够自己管理学习时间，为自己的学业负起责任；一旦他们成长为青少年，这一点就更为重要了。如果你为幼小的孩子设置了有规律的家庭作业常规程序，做家庭作业就会变成一个习惯。开始时，你当然不得不制定一些规范并强制实施，但是随着时间的推移，只要你始终如一、坚持到底，家庭作业就会变成他们日常生活的一部分，之后就很少会演变成"打仗"了。

要为家庭作业设定一个相对规律的时间。你可以选择一个跟你的工作和家庭日程表都不冲突的时间段。若能每天都在同一个时间做作业当然是最理想的，但毕竟还有那么多的俱乐部活动或课外活动，所以时间上有一些弹性是可以的，只要能在一周日程表内累计完成所有作业就行。这样做的目的是让孩子能抓住每天的小块时间学习，而不是在星期日下午来一场马拉松式的"鏖战"，把整个周末都毁掉。在安排家庭作业的时间时，要尽量避开孩子们的玩耍时间，否则你到时就得要求孩子们停止玩耍去做作业，那基本相当于你要准备跟他们"干上一架"。找出孩子们没有玩耍的一个自然的时间段，比如，刚吃完晚饭就是做作业的极佳时间（从他们起身离开饭桌开始到允许他们再次开始玩耍之前）。你可以让大一点的孩子参与决定什么时候开始写家庭作业以及写多长时间。对于幼小的孩子来说，15分钟足够了，30分钟就是极限了，直到他们开始上中学、需要迎接考试之前都是如此。每周安排几天不做家庭作业。举例来说，对于一个9岁的孩子，家庭作业日程表的时间安排可以是每周从周一到周四以及周日晚上，每天晚饭后做家庭作业30分钟。

这个关于学习时间的规则十分简单。如果孩子有家庭作业，就做作业，不用管它是不是到期要交了。如果孩子不能在规定的时间内完成作业，可以在下一个学习时间段接着做。如果一周内孩子都能有规律地学习，那么他们通常能用这种方式满足学习时间的要求。即使孩子某个晚上没有家庭作业要做，他们也仍应该在规定的时间内学习。他们可以看书，或者做一个主题研究，或者选择一个恰当的学习活动。在孩子们学习时，家长要关掉家里所有的娱乐设施，直到孩子们的学习时间结束。学习期间也不允许玩耍。孩子们不喜欢无所事事，当他们没有别的事情可以干的时候，他们就很乐意投入书本中！如果屋子里还有不用做作业的幼小的弟弟妹妹，你要告诉他们，现在是"读书时间"，他们可以静静地看书，或者让大人陪着阅读，也可以在一个练习本上画画。这样做的目的是养成一个固定的学习习惯，它虽然是与孩子当前的年龄相匹配的，但也将为未来数年强度更大的学习活动打下基础。

有些学校会为稍微大一点的孩子建立放学后的家庭作业督导俱

乐部（它们可以兼有托儿所的功能，如果你运气够好的话）。如果你的孩子放学后去托儿所或者由祖父母照看，你也可以和它们/他们合作，在放学后的这个时间段里安排一个简短的定期学习时间——这样你下班后的生活会轻松很多！对于幼小的孩子，在必要的情况下，可以把学习时间安排在他外出的时候——比如，每周三在停车场坐等哥哥踢完足球的这段时间，你就可以让他去练习几个拼写或读几行书。开动脑筋，发挥你的创造力，只要抓住关键——保持规律性和一致性——就行。你可以多做几次尝试，找出最适合的 15 分钟或 30 分钟时间档，然后坚持下去。

　　如果你真的被难住了，完全不知所措，可以采用奖励或刺激的方式去推动常规程序的实施。如果孩子完全抗拒家庭作业，或者家庭作业已经成了他们厌恶和恐惧学习的根源，你就可以考虑将奖励制度作为短期策略，重新让事情回到正轨。注意，要奖励孩子的学习过程和孩子所付出的努力，而不是奖励孩子的学习成绩。你可以和孩子协商建立一个奖励制度。要让孩子在完成简单的小步骤时就能获得积分，比如告诉你当天家庭作业的内容，或准时坐下来做家庭作业。接下来，逐渐把目标定得高一些，比如完成 15 分钟的作业或者连续两天做作业就可以获得积分，等等。记住，这些奖励的设置同样可以遵循"SMART"原则：

- 目标应是具体而明确的（Specific）：你要奖励的目标必须非常清楚、明确——孩子坐到桌边、打开书、保持30分钟就算完成目标，还是必须能够描述他们所看到的故事内容才算完成？
- 目标应是可衡量的（Measurable）：需要学习多少分钟、写多少字或者完成多少道加法题才可以得到这个奖励？

- 目标应是可以达到的（Attainable）：如果需要非常努力才能完成任务，那么再大的奖赏都不可能成功。要设置小小的、可以轻松达成的阶梯式目标。

- 各个目标之间应是相关联的（Relevant）：注重过程（孩子能控制的）而不是结果（孩子无法控制的）。奖励孩子所完成的功课，而不是所取得的成绩，这样就不太容易令孩子焦虑或对上学感到紧张。只要掌握了好的学习方法并付出努力，孩子自然就能提高学习成绩。

- 目标应有明确的期限（Timely）：比起最后考取好分数时给孩子一个大礼包，小而频繁的奖赏和激励效果会更好。一旦孩子建立了良好的日常学习习惯，你就逐步取消奖励，代之以表扬。鼓励孩子们回想他们之前所取得的成功，这样可以刺激他们给自己加油。

父母在面对孩子的家庭作业任务时，务必要丢开以目标为核心的工作模式。要关注孩子的学习过程，而不是结果。你的职责不是评判孩子的成绩，而是鼓励他们养成良好的学习习惯。如果孩子拥有了良好的学习习惯，他们自然而然会去学习。所以，你要鼓励孩子，而不是一味批评；要关注孩子的努力和进步，而不是成绩；要强调孩子做得对的事情，而不是做错了的事情。当孩子坐下来做家庭作业时，你要认可并称赞他的表现（特别是在以前他很难做到的情况下）："你坐下来做作业真是太好了！好孩子！"如果你需要走开，让他们自己做作业（我建议你这么做），那么你要表现出高兴，并表扬他们的努力。如果他们询问你的意见，或者你正在检查他们的作业，要着重表扬他们做对了的部分（尤其是与之前相比有进步的地方）。如果你看到作业上有错误，不要直接指出来，而是引导孩子进行自查，让他们自己判断是否全都做对了，还有没有可以改进的地方。让他们自己猜猜这次能得什么分数，老师是否会对这份作业感到满意，或者老师会怎么说，是不是还能再改进一下，这样可以让他们养成自己检查作业的习惯。你也可以告诉孩子，你发现了 5 个拼写错误，让他们挑战一下看能不能自己把这些错误找出来。学会自己检查作业、发现错误并自行改正，是学习过程中必不可少的一部分。

记住，你不是老师。评估孩子的家庭作业、判断他们是否达到了学习目标，是老师的工作。如果你对孩子的学习进展情况感到忧虑，应当去和他们的老师沟通。如果老师要求家长提供额外的帮助，你要和老师一起制订明确的计划，搞清楚究竟需要做什么、由谁来做。不要把家庭作业当成隐蔽的"阵地"，用帮孩子改作业的方式人为地提高他们的成绩。

帮助孩子制订计划和评估作业时，你可以想象自己是在搭建脚手架或房屋框架——框架里面的东西，必须由孩子自己完成。

家长给孩子提供帮助固然很好，但不要帮得太多。你可以像教练一样，用提问的方式去训练孩子，而不是直接给他们答案："你想到什么了？答案可能是什么呢？想想，课本上学过的内容有没有能帮上忙的？"不要急于帮助孩子答题，而是鼓励他们去尝试，引导他们使用工具，比如字典、参考书和互联网。当然，也不能过度使用这个方法。如果他们尝试了一两次，仍然找不到正确答案，那你直接提供帮助就好了。如果你解释了好几遍，孩子仍然不能理解，你也不要沮丧，摒除自己的消极思想——你的孩子不是故意这样做的。所有的孩子在学习不同的内容时有快有慢。引导孩子复习学习材料，看看他们是否能想到办法完成这个任务，或者鼓励他们去请老师进一步讲解。不要想着延长学习时间，直到他们把作业都做对为止——那样的话，你最后只会感到压力和厌烦，因为家庭作业侵犯了你本来就不堪重负的家庭时间，孩子也会苦不堪言。一到时间就停下来，你只须说一句："学习时间结束了，我们明天头脑清醒的时候再来解决这个问题。"

如果孩子的家庭作业是家长和孩子一起阅读一本书（或者让孩子读给家长听），那你关注的重点应当是让阅读成为十分愉快的体验（而不是以读完这本书为目标）。你要热烈欢迎，表示你很乐意跟他们一起读书，并告诉他们，你很珍惜和他们一起读书的经历。这会让孩子的自我感觉很好，不管他们读得有多好或者有多糟。表扬孩子的时候，要用描述性的语言，并且要真实可信。如果他们实际上读得并不好，你也不要夸大其词，一味称赞他们读得很好！教室是竞争激烈、追逐名次的地方，孩子们很清楚自己的阅读水平和小伙伴们相比处于什么位置。你只要亲切而真诚地提出意见，着重夸奖一下他们这次做得很好的部分或者他们比上次做得好的地方，或者表扬他们付出了很大努力。

思考小贴士：

当孩子的某次家庭作业做得不太好，没有达到你的预期的时候，你是否会把这件事解读成：

- 担忧他 / 她将来能否取得成功
- 说明你在育儿方面不太成功

- 表明他 / 她需要更加努力、继续加油

所有这些解读都容易引发消极的思想、情绪和行为，例如责备、羞辱、害怕和对抗。当孩子的表现达不到你期望的水平时，是不是可以从其他角度看待问题呢？以下几点也许更符合事实：

- 他 / 她对作业的要求还没理解透彻
- 他 / 她还需要多一点时间来掌握那部分内容 / 那项技能
- 他 / 她选择了不做那项作业
- 这项技能也许与他 / 她的特长不符

换个角度看问题，你的想法是什么？

管住自己，不要使用恐吓的手段。当孩子看上去不用功的时候，父母常常会忍不住吓唬他们："要是你拼写考得不好，是会被留级的！"或者"你以后只能在麦当劳打工了！"有大量证据表明，此类恐吓只会增加孩子的焦虑感，让他们的成绩变得更差。我知道你希望孩子学业有成，并能充分发挥潜能，好在未来拥有很多机会，而一旦事与愿违，你又顿感孩子将来似乎连生存都困难。但是，在鼓励孩子和给孩子施加压力之间有着微妙的区别。当父母（完全是出于一片好心）不遗余力地推动孩子去取得好成绩时，孩子却可能理解成爸爸妈妈是在批评他们做得不够好。当父母的批评变成了孩子用来自我衡量的标杆时，会对他们的实际成绩和自信心产生负面影响。不管父母晚上有多忙、时间有多紧张或者多么没有心思管孩子的家庭作业，父母对孩子自尊心的打击，永远不是上交一份完美的家庭作业、阅读水平提升一级或者某一天考试过关……能够抵消的。孩子在学校的成功理所当然有助于他取得人生的成功，但这不是通往幸福的唯一途径。

我们无法逼迫孩子努力学习，而只能鼓励他们好好用功。作为父母，我领悟到的最深刻的道理是：我们需要抚养的，是真真实实的孩子，而不是我们理想中的孩子，他们不会按照我们的意愿长大成人。管教一个必须更努力却频繁开小差并且压根不想用功的孩子，的确会令父母十分沮丧，但最后你还是无能为力，无法把"学习"强行塞进孩子的脑袋里。如果你把这个当成目标，那就是自找苦吃。我们能做的最好事情，就是鼓励孩子，并提供适当的条件，让他们养成良好的学习习惯。这些都意味着我们要更重视过程而不是结果，要接纳他们所犯的错误，并鼓励他们从错误中学习。剩下的事，就是带着希望和好奇心去等待，看看他们会走上哪一条精彩纷呈的道路。

行动小贴士：

◎ 每天设置固定的 15 分钟或 30 分钟学习时间，每周 5 天。在学习时间内要摒除所有分散注意力的因素。如果当天学校没有布置家庭作业，让孩子用这段时间阅读或进一步学习。坚持两个星期，然后和孩子一起坐下来回顾这个时间安排。看效果如何？是否需要做出什么调整？

◎ 用一个星期尝试在阅读时只追求一个目标，即获得愉快的阅读体验。

● 第 10 章 ●

如何管理孩子使用电子产品的时间

在现代父母的"忧虑清单"上，"如何管理孩子使用电子产品的时间"已经排在了首位。报纸上醒目的标题似乎在失声"尖叫"："沉迷于电子屏的孩子每天只在外面待16分钟！"然而于事无补。同样无济于事的还有大量以夸张标题诱人点击的文章，纷纷把社交媒体比喻成电子海洛因。（令人觉得讽刺的是，这些文章绝大多数都发表在社交媒体上。）父母都知道数字世界会对孩子造成伤害，然而那却是孩子最愿意花时间的地方。绝大多数给父母的建议仿佛都是在过去的那个时代写就的，那时候，父母们还不必每天奋力和学龄前儿童抢夺智能手机。

职场父母对孩子使用电子产品时间的担忧还掺杂着一些其他因素，比如无法在场监督孩子使用电子产品，也无法控制参与照看孩子的其他成年人。当然，有时父母也会因为实在太渴望一丁点儿和平与安宁，禁不住把电子屏塞给了孩子。其实我们也暗自心虚：我们自己使用电子屏的时间似乎也有点失控。

诚实地说，这真的不单单是孩子的问题，电子科技产品已经"入侵"了成年人生活的每分每秒，并形成一种威胁——逐步从生活中排挤掉我们一向认为十分宝贵的事情，比如读书、和孩子玩耍或者与伴侣聊天。人们口袋里的高科技和随时随地登录任何平台的能力，已经从根本上改变了家庭文化。手机通信意味着更多在职场打拼的父母被期待在非工作时间回复电子邮件、接听工作电话，而网络创业的妈妈们和拥有弹性工作时间的妈妈们正尽力把笔记本电脑和家务结合在一起，边工作边照看孩子。我们大脑兴奋，随时在线，哪怕是最短暂的间隙也会抓起手机——等着水壶烧开时，等着机顶盒启动时，甚至坐在马桶上的那几分钟时间。上周我 10 多岁的儿子甚至从卫生间打电话给我，让我给他拿条毛巾进去。他能记得把手机带进卫生间，却不记得带条毛巾？！

我们疑虑重重，知道所有这一切很可能对孩子、对自己都不是好事，但我们真的不知道应该怎么办。面对电子产品，我们所有人应该在哪里划出界线呢？还有，该怎么划呢？

电子产品对孩子有什么影响？

关于电子产品对孩子健康和发育的潜在影响，绝大多数父母都非常希望能有清晰的了解并得到明确的指导，从而懂得如何设置安全而恰当的限制。遗憾的是，专家们在这方面并没有明确的意见或统一的立场。电子产品渗透到家庭生活中的速度正在超越专家们调查研究的速度。当前针对使用电子屏幕时间的调研经常是以看电视的时间为研究基础的，然而在轻巧便捷的互联网世界里，看电视似乎早已不再是个关系重大的问题了。科技的飞速发展意味着今天 8 岁的儿童与 5 年前 8 岁的儿童在科技产品上的经验已不可同日而语。高品质的调研需要大量时间，在这个问题上，我们的调研确实落伍了。

显而易见，儿童的生活方式在过去 10 年已经发生了重大的变化。英国的儿童如今在人身安全方面得到了更好的保护，儿童遭遇车祸的概率降低了，青少年性行为和抽烟、喝酒等行为也减少了（这是事实，不管你在报纸上看到的是什么）。可是话又说回来，现在的孩子独立性却变差了。他们在户外待的时间更少，没有父母的陪同就不太愿意走出家门。

并且，有大量证据显示，现在的孩子的心理更为脆弱。社会对儿童心理健康服务的需求堪称前所未有。报告中显现，有自杀念头的儿童数量在上升；因自残而进医院的儿童数量在上升；呈现抑郁和焦虑症状的儿童数量也日益增长。15 年前，我刚刚涉足儿童心理问题的时候，只有 1/10 的儿童出现了可诊断的精神健康问题，可现在这个数字上升到了 1/9。

依据常识，我们也许会得出结论，孩子们显示出的心理健康水平下降，一定与现代社会儿童生活的另一个重大变化相关——孩子们花在电子设备上的时间不断增加。然而这项调研并不是结论性的。确实有些研究将青少年抑郁症与更高程度地使用互联网联系起来，但过度使用电子产品是否就会导致抑郁症，还是抑郁症会导致孩子过度使用电子产品，结论并不清楚。并且，什么程度的使用可以被认定为"过度使用"，各项研究对此的定义也各不相同。因而，电子产品对孩子的大脑究竟有什么样的影响，我们其实还不能断言。

电子产品的威胁，主要在于它会占用孩子们的时间，使他们减少了其他对成长发育更有意义的、丰富多彩的活动。

不过，我们真正应该担心的，是孩子由于被电子产品分散注意力而未能去做的事情。电子产品正在越来越多地取代孩子本来应该进行的其他活动，而且我们知道这些活动对于孩子的成长和发育是十

分重要的，比如跑步、面对面的沟通和运用想象力的玩耍。电子产品
有着不断扩张直至填满孩子所有可用时间的倾向，它会让人上瘾，而
且现在又相当便携，可以一直待在你的口袋里，随时帮你轻松驱走乏
味无聊的感觉。孩子们一旦有电子产品在手，对父母的需求就会大大
减少——当然，疲倦不堪的父母们倒也很享受它们带来的片刻安宁。

　　幼儿学习的最佳方式是与周围环境直接互动，而不是从屏幕里
学习。通过被称为"玩耍"的重复性实验，孩子将掌握宇宙最基本的
原理——水会流动；物体会落到地上；有些东西可以容纳别的东西；
鹅卵石会溅起水花然后沉下去。不管一个孩子在电视上看到过多少次
飞机（甚至坐过飞机），她仍然只有在把布娃娃系在用塑料袋做的降
落伞上从楼上丢下去时，才会理解空气是如何托住会飞的物体的。虽
然电视上的儿童节目或 YouTube 上的视频确实能帮助孩子熟记字母
表，但若与真人互动相比，仍然是一种极其贫乏的成长经验。看屏
幕上的节目不需要真人对话那样的轮流发言，孩子也无从学习如何
解码社交和情感上的微妙暗示。屏幕通过演示让孩子学习，但学习
绝不仅仅是看屏幕演示——学习是需要参与的。一个孩子听到大量的
话语，确实会有助于他们语言能力的发展，但与之相比，让孩子参
与多轮对话要重要得多——实际的对话才是构建孩子的语言、社交和
情感技能的基础。（"一轮对话"的意思是"你说话，我说话，你说
话，我说话。"）如果早教环境对话丰富的话，其效果哪怕 10 年以后
在孩子的读写技能中仍能看得到。孩子使用电子产品越多，他们与人
面对面交谈的机会就越少。

　　电子产品也容易让人久坐不动。它要求人安静地坐着，这意味
着孩子们会错失跑来跑去给健康带来的益处和对身体技能的锻炼。孩
子的健康水平会直线下降。目前，你的孩子班里最健康的孩子的健康

水平，只相当于你自己小时候学校里最不健康的孩子的健康水平。（请再读一遍这句话，确保你真正理解了这个差距之大。）世界卫生组织（WHO）已经将孩子们对着电子屏的时间与肥胖症和 II 型糖尿病的上升率联系起来了，而英国皇家儿科和儿童健康学院也警告说，智能手机和平板电脑发出的蓝光会干扰睡眠，对孩子的健康造成不良影响。

不仅仅孩子因使用电子产品而影响自己的成长发育，父母也会因注意力被电子产品分散而削弱了他们在育儿方面的能力，尤其是在加强亲子联结、关注孩子、通过眼神接触促进孩子大脑健康发育，以及帮助孩子发展基本生活技能等方面。婴幼儿需要与他们的成年照料者进行眼神接触来调节压力水平和发展沟通技能。

孩子会通过观察父母的行为进行学习。他们在没有把握的时候会从父母的脸上寻找信息、联结和保证。如果父母那时正盯着手机，孩子就错过了这种社交上的学习。良好的家庭关系不仅仅需要家人在场，更有赖于积极的互动。

如今，如果你能窥见许多家庭的内景，就会发现每个人都盯着自己的电子产品，即使他们待在同一个房间里。父母和孩子虽然在身体上靠得挺近，交谈却越来越少。如果你正在努力寻找能增进家庭幸福的动力，那么一定要考虑这个问题，因为它真的很重要。

> **思考小贴士：**
>
> 你童年最宝贵的记忆是什么？闭上眼睛静静想几分钟，想象你自己是一个幼小的孩子。你是怎么度过上学以外的时光的？哪些记忆会让你微笑，能给你一道温暖的光芒？与现在你的孩子度过时光的方式相比如何？

使用电子产品多长时间合适?

孩子在电子产品上花多少时间才算是"过度使用",目前尚缺乏可靠的证据。这个意思是说,心理学家们和保健从业者们对此尚存在意见分歧。当前人们广泛持有的观点是,电子屏幕对于 2 岁以下的孩子几乎毫无价值,应完全杜绝,而 5 岁以下的孩子应尽量缩短使用电子产品的时间。但是,实际上究竟应该怎么做,最后还是由父母去决定。

父母促进孩子成长发育的最好方式,是确保孩子有一个各方面综合平衡的童年,包括提供形式多样、内容丰富的玩耍项目,使孩子能够增强体质、获取社交和认知能力。作为父母,你在为孩子使用电子产品划出明确的界限时,要牢记以下几点:

- 并非对所有电子产品都要一刀切。梳理一下,孩子对着屏幕的时间有多少是被动的"消费"(如看电视),有多少是积极的、创造性的活动(如制作乐曲或动画)?

- 孩子对着屏幕期间及之后的行为表现如何?他们是不是被屏幕牢牢吸引住了?当你把他们从屏幕前拖走时,他们会发脾气吗?还是会很自然地走开,并把从屏幕里看到的点子在正常的玩耍中发挥出来?如果你发现很难让孩子按下"关机"键,这很可能意味着你必须减少他们玩电子产品的时间了——而不是任由他们在屏幕前赖上更长时间。此外,有些孩子会比别的孩子更容易对电子产品上瘾。

- 孩子在使用电子产品之外的时间都做些什么?他们有除此之外的其他爱好和兴趣吗?他们会花时间和小伙伴们一起玩吗?他们每天的体育锻炼能达到标准量吗?(5岁以下的孩

子每天要保证3小时的体力活动，5岁以上要保证每天1小时
的体育锻炼。）

如果你对如何限制电子产品使用时间正感到十分困扰，可以尝
试针对每位家庭成员写一篇"电子产品使用日记"，持续一周左右的
时间。这样可以准确计算你们在各项活动上究竟花了多长时间。（务
必实事求是！）

你还可以做一个"冰激凌实验"。当孩子纠缠不休地要在你的手
机上玩游戏的时候，问问你自己，如果这不是手机，而是冰激凌，
他正缠着我要吃冰激凌，我会不会给他？如果答案是"不"（因为今
天他已经吃过一个冰激凌了，或者他已经吃了一份巧克力甜点或两
块饼干），那就不要把手机给他。他会反抗，但是冰激凌是零食，不
是主食，作为父母，你就是要在暴风雨面前站稳脚跟，为孩子们做
出有益于他们健康的决定，直到他们能自己做主为止。

当然，这绝不仅仅是孩子的事。父母必须综合平衡整个家庭
的需求。让一个学步期的小孩坐在电视机前或让他玩半小时平板电
脑，不会对他的成长发育有好处（不管应用软件的广告词有多么诱
人）。但是，如果这个小屁孩已经缠了你整整一天，到了无法控制的
地步，你除了大发脾气或者变得粗暴再也无计可施，那还是打开电
视机吧。许多职场父母会策略性地使用电子产品让家庭生活能顺利运
转，比如让大人能放心地冲个澡，或做饭时不用担心被小娃娃绊一
跤。只是你要注意动向，警惕不良趋势，防止电子产品占据的时间
越来越长，因为事情很容易在不知不觉中发生变化——你或许本来只
是在做晚饭时给孩子放半小时的《粉红猪小妹》或者让他玩半小时
iPad，然后某一天你睡眼蒙眬地走进客厅时，却大吃一惊地发现电视

机从孩子放学后整个晚上一直开着，而你 10 岁的孩子像被胶水粘在了"控制板"上一样。

全家一起解决问题

对付电子产品跟对付所有东西一样，第一要务是树立好的榜样。要针对电子产品设立限制条件，最好的办法莫过于全家总动员。如果你一边剥夺孩子使用电子产品的时间，一边自己抓着手机疯狂地刷屏，孩子会第一个叫你"伪君子"！要为家庭生活制定一些规则，包括在家中划出没有电子产品的区域，在日程表中找出不使用电子产品的时间段，让每个人都有喘息的空间。可以设置远离电子产品的空间，比如规定"卧室里不许使用电子产品"，或者"不允许在车上使用电子产品"（车里是最棒的聊天场所），或者"不许把手机带到餐桌上"（理由同上），或者"不许在楼上玩电子产品"。你的目标是创建一些区域，让父母和孩子能相互关注，让大脑摆脱电子产品的干扰，获得片刻休息。孩子们会很快学会用各种各样的活动填满这些空间。

你还可以根据日程表决定一天当中哪些时间是"无电子产品时间"，或者一周当中哪天是"无电子产品日"。许多父母都有"早晨不看屏幕"的规矩。你也可以选择周一至周四不看电视，或者周日远离电子产品，或者周日下午为"电子产品戒除期"，或者除周末之外不用平板电脑，诸如此类。英国皇家儿科和儿童健康学院建议所有的孩子上床之前一小时不看电子屏。总之，你可以尝试各种不同的戒除电子产品的形式，看哪种对你最有用，但是要确保你做出的决定是合理的，知道设置限制条件的分寸，以免结果偏离你的初衷。

　　每个家庭进行全家总动员的方式各不相同，但同一个家庭内制定的规则必须适用于每个人，而且所有人必须保持一致。要做到这一点，有一个特别好的方法，就是召开家庭会议，让年龄大些的孩子参与限制条件的设置。父母之所以举手投降允许孩子使用电子产品，绝大多数情况都是因为实在厌倦了每天反反复复跟他们斗争，而成功限制电子产品的秘诀就是让全家一致同意并全部遵守规则。你越是遵守规则，每天令你筋疲力尽的斗争就会越少。孩子小的时候，限制条件可以设得低一点，随着他们逐渐长大，你可以把限制条件逐步提高。如果孩子告诉你，他所有的朋友都能在卧室里玩 Xbox，别信他！不过，总会有些父母的做法跟你不一样，这一点儿问题也没有！毕竟人与人是不同的。

> **思考小贴士：**
>
> 　　连续记录一周家庭电子产品的使用情况。每当你和孩子在一起而且你不工作的时候，如果你和孩子使用了电子产品，那就把它记下来。记录时要诚实，哪怕你只是在手机上稍微浏览了一下，也应当记下来。在孩子醒着的时间里，电子产品的使用时间占了多大比例？相较于孩子和你交谈的时间、进行体育锻炼或跑来跑去玩耍的时间，哪个更多？

　　要养成尽可能创建无电子产品空间的习惯，消除家庭文化中电子产品的侵略性。你可以挑战自己，尝试一下出门几天不带手机。（不用担心错过某个拍照片的机会，研究显示，当我们无法用照片记录某个事件时刻时，实际上反而会留下更鲜明生动的记忆。）优先选择无法使用电子产品的家庭活动，比如散步、骑自行车或郊游。可以去当地公园踢球，报名参加独木舟训练课或冲浪学校。如果你不是一个追求刺激的人，去当地的游泳池游泳也很好！参观博物馆、古堡或城市农场；爬山（小山就行）；在树林里收集落在地上的树枝搭一个"要塞"；收集各种昆虫；带着小家伙们去收集石头，带回家洗干净并装饰它们。我个人特别热衷于带着孩子们露营（虽然我并不赞同每个人都在周末效仿我的热情，因为确实无法洗热水澡或睡一晚好觉），找一个没有 Wi-Fi 或电源的露营地点，这样孩子们也就不会为了用哪台设备或看什么节目而争吵了。太阳下山以后，你们只能选择依偎在一处，拿手电筒照着书读一读，玩玩扑克牌或者聊聊白天发生的事情。如果你认为一定要有舒适的床和设施齐全的厨房，可以预订一个旅行房车或者没有 Wi-Fi 的度假小屋。

在家里尽量和手机保持距离，比如把手机放到另一个房间，让自己看不到有信息进来，或者关闭手机应用软件的通知功能，让提示声少一些。孩子看到你刷手机的时候越少，就越少萌生"我也要玩电子产品"的念头。在家里使用电子产品时，尽量利用它创造共同的体验。你可以采用全家一起使用电子产品的形式来度过家人团聚的时光，比如全家人一起看一部电影或者玩一场电脑游戏竞赛，而不是大家相互不搭理，各自埋头盯着自己的电子产品。

当然，我们还是要务实一点。我并不是建议你上了一天班之后回到家，还要让每个晚上都拥有创造性玩耍的金点子，好吸引孩子们远离电子产品。记住，让孩子摆脱无聊不是你的职责。你可以尽可能多地开展一些互动性强、无电子产品干扰的共享式家庭活动，但对于余下的时间，只要孩子用完了规定的电子产品时间，你只要尽快把电子产品收走就行。然后，你要做的就是坚持立场、毫不动摇，让孩子们自己去找点别的事情做。

　　如果你感到孩子玩电子产品的时间已经完全失控，那你就随时按下"重启"键——把所有电子产品收走。孩子们一开始会非常不乐意，但由于儿童本能地厌恶乏味无聊，所以他们很快就会找到其他活动去填满这段空白时间。我曾经邀请一组家庭做过一个实验，要求他们减少孩子使用电子产品的时间。有些父母真的很勇敢，干脆把电视机或平板电脑完全收了起来。正是这些家庭的做法让我看到了最显著的成效——兄弟姐妹之间的争吵越来越少，而合作性的、充满想象力的玩耍越来越多，孩子们重新投入到做手工之类的其他活动中，家里也比以前安静了许多。所有的父母都报告说，只要他们坚守阵地（同时自己也把电子产品拿开），一周之内，孩子就不再缠着爸爸妈妈吵着要把电子产品拿回去了。所以，不要害怕从头开始。随后，你可以慢慢地逐步把电子产品重新引进入家庭生活，并在合理的范围内使用它们。

　　在家庭生活中给电子产品设限、创建无电子产品空间，必然需要你付出很大努力。不过，一旦规则建立起来，你就不再需要每天跟孩子们斗争了。如果你提出一条新规则，规定从下午六点钟开始到孩子上床为止，不许看电子屏幕或使用电子产品，孩子们会有一些抵触情绪，这完全是意料之中的事。改变习惯需要时间。但是只要你坚持到底，规则就能得到遵守——特别是在大人也同样遵守规则的情况下。只要你忽然发现电子产品又一次悄悄侵占了所有人的时间，前功尽弃，那就从头再来！不要放弃，因为全面发展的童年会给孩子的成长带来巨大的好处，何况还有额外的锻炼和离开电子屏幕所带来的健康方面的益处，并且，全家人共同拥有的记忆也将是无价之宝。

和孩子签订关于使用电子产品的"行为表现合同"

如果你已经陷入关于使用电子产品的日常斗争并深感沮丧，或者你不断地因孩子表现差而收走他们的电子产品，你也许需要想一想，怎样才能让这种情况好转，你要把使用电子产品和满足某些条件关联起来。有一个办法是和孩子签订"行为表现合同"。若要管理年龄稍大一些的孩子（8岁以上）的电子产品使用问题，"行为表现合同"是一个非常有用的工具。合同中有非常清楚的事先约定，明确规定了什么样的行为表现是被期待的，如果签约人遵守规则，就可以得到某些奖励或特权；如果不遵守，将会有什么样的后果。

如果你面临的问题是孩子花在电子产品上的时间太多（并且用在其他活动上的时间不够），你可以考虑设置一个较短/最短的允许孩子使用电子产品的时间，并给孩子提供通过其他积极的活动赢取更多使用电子产品时间的机会。这是一个特别好的方式，十分有助于让孩子在童年得到全面的发展。例如，你可以每天允许他们玩半小时电子产品，同时承诺他们在本周内每参加2小时的体育活动或体育锻炼，就可以在周末额外获得半小时的电子产品使用时间。你还可以把每天的时限定在15分钟，并规定如果当天晚上孩子完成了所有家庭作业或完成了半小时学习/阅读之后，可以多玩15分钟电子产品。总之，你先想好，为了让孩子在各方面得到平衡发展，你希望鼓励孩子多进行哪些与电子产品无关的行为或活动，然后你就把"允许使用电子产品"设定成孩子满足这些条件后便可以获得的"奖励"。你可以把这份合同写下来，并由父母（两个人或一个人）和孩子共同签署。

至于合同中需要规定哪些行为表现，取决于你的孩子要面对的具体挑战。积极的体育锻炼、学习、帮忙做家务、参与家庭活动等，这些都是签订"行为表现合同"的好素材。如果你女儿每次在电子产品被收走时都会大发脾气，那么你就不要总是收走它们，而是把"赚取额外使用时间"作为激励手段，鼓励她在脱离电子产品时保持平静。设置一个合适的（较低的）每日允许时间，并对她解释，如果她能主动关掉电子产品而不吵不闹达到规定时间，她就可以获得 10 分钟使用电子产品的时间，留到第二天或者周末使用。但是，如果她抗议，那么第二天的使用时间就会减少 10 分钟。对于年龄稍大一些的孩子，你可以把每天的允许时间逐步转变成每周允许时间，并给他们多一点自由，自己选择什么时候使用，从而给他们机会练习如何分配时间和主动关机。这样有助于他们发展自我控制的能力。

一个星期以后，回顾一下"行为表现合同"，确保它真正起到了作用，如有必要，可以稍微调整一下。如果你能坚决执行合同规定，并且电子产品使用时间能够对孩子产生激励，他们就会很乐意去做你让他们做的事以赚取额外的使用时间。关键是设置的保底时间要短，让孩子们愿意往上累加更多的时间（但是对于累计时间要在一个可以接受的水平上"封顶"）。如果一开始事情不顺，不必担心，只要审查并调整"行为表现合同"就好了。如果你在这个过程中始终采取协同合作的方式，让孩子感受到他们的想法得到了认真对待，那就再好不过了。要确保你对额外的电子产品使用时间有非常精确的规定——如果含混不清，我敢肯定，最终你和孩子必然会陷入"付出是否得到了充分回报"之类的争论！并且，跟所有的奖励制度一样，"行为表现合同"只有在父母保持一致性并且对孩子积极监督的前提下才能发挥作用。如果你无法监督，搞不清楚他们是否遵守规则，那么制定这个规则就毫无意义了。为了便于随时跟踪具体情况，你可以把电子产品移出卧室，只允许它们放在家庭共享区间内。如果有其他的成年人参与照顾孩子，必须保证他们也同样遵守规则，或者针对某些"盲区"制定专门的规则。举个例子，如果你没办法说服奶奶关掉电视机，那就规定工作日只许在奶奶家看电视！

我们的目的是让孩子们学会以健康的方式主动调节自己与电子产品的关系。

从前，父母在帮助孩子学会管理与电子产品的关系时，经常采取的策略是"让孩子得不到它们"。过去电视上每天只有几小时的儿童节目，如果节目播放时你没在家，那就只好错过了。第一台录像机走入千家万户的时间还为时未远（那时我已经大到可以记住它们了），但即便如此，往录像机里装光盘仍是一件麻烦事，只有针对某些特别的内容，人们才肯费心去录制。然而，如今的电视节目都是点播的，实时暂停按钮意味着孩子们永远不用再为错过最喜欢的节目而失望或烦恼，通过手机接入互联网也让他们能随时随地以任意格式接触到他们最喜欢的角色或游戏。当电子产品轻轻一按随时就能打开的时候，学会关掉它们就成了一门很有难度的"课程"。

对于年幼的孩子，父母需要担任他们的"外部调节器"。有些孩子能轻松学会自己管理电子产品的使用时间，有些孩子则会被电子产品牢牢锁定，想让他们放手极其困难。因此，父母需要根据具体情况对育儿方法做出适当的修改和调整。当然，如果父母自己能与电子产品建立良好的关系，能给孩子们做好榜样，那么孩子们学会"关机"也会轻松得多。父母关掉自己的手机，会更容易与孩子建立亲密联结，而且会出乎意料地发现自己获得了更多宝贵的时光。

行动小贴士：

◎ 在家里创建一些无电子产品区域，并且／或者在家庭日程表上规划出一些无电子产品的时间。父母和孩子都必须遵守这些规定。

◎ 召开家庭会议，找一些可以一家人一起玩并且较少用到电子产品的有趣活动，包括需要一整天／整个周末的稍大规模的活动以及只要半小时的一些小节目。只有每个人都同意的活动才可以列到清单上。设定一个时间目标：你们想在多长时间内把它们全都玩一遍？

◎ 为小家伙们制作一个"幼儿无聊解救包"，其大小正好可以放在你的包／口袋里。在里面装一些有趣的小玩意，户外活动时随时可以拿出来逗逗他们（这样就不用掏出智能手机了）。你也可以在孩子无聊的时候玩一些新的拼图游戏。

第三部分

轻装上阵，呵护幸福

● 第 11 章 ●

驯服精神压力这个"恶魔"

　　制定一些明确的规则，并把注意力集中在孩子正确的行为表现上，是一个双赢的策略。这样做，既能让父母感觉良好，也能让孩子感觉良好，同时还可以让孩子得到鼓励，越来越乐意把事情做好。积极正面地管理孩子的行为，十分有利于营造少冲突、多温情的家庭环境，因而对孩子的健康成长极其有益。但是，如果父母总是在如何平衡工作和家庭的问题上过分紧张，导致精神压力太大，甚至变得"易燃易爆"，那么积极育儿策略永远不可能成功。我不知道别人怎么样，但我本人对生活还是有点想法的。孩子们的学习和成长固然意义重大，但我想要的远不止这些——我想实现的家庭生活，不是全部围着孩子转，而应同时满足我自己的需要。

　　前面章节主要谈论的是：父母要想更好地理解孩子的行为表现，就必须改变对育儿以及对孩子本身的思维方式。我们也梳理了各种观点和方法，充分讨论了父母如何才能摆脱工作模式、充分利用下班后的点滴时间加强亲子联结；如何顺利度过一天中最艰难的时段；如何用不争不吵的方式守住"边界"。但是，不要忘了，在这一切当中，还有你自己的存在——你，一个具有力量、需求、梦想、价值和天赋的人。孩子们固然有着强大的需求，但是让他们牢牢占据你的生命长达 18 年（并且让你一直处于全力冲刺的状态），实在不可取。要想做一个成功的职场父母，你就要学会在各种纷繁杂乱的事务中首先照顾好自己，营造出一种能令你身心健康、精神抖擞的家庭环境。因为，你的健康与幸福，真的很重要。

工作对于精神压力既有正面作用，也有负面作用。职场生活既是个人收入的来源，也是人们自尊心的支柱。工作是人们抛向成人世界的一支锚，疲惫不堪的父母们借此获得极其必要的视野以及与社会的联结。但是，工作也会带来压力，让我们百般忙碌、连续运转，永远处于兴奋与疲惫并存的状态，导致我们与耐心、共情力和童心脱节。然而，如果我们想要成功切换到亲子模式，耐心、共情力和童心却是必需品。对许多职场父母来说，只拿出一部分时间工作似乎是完美的解决办法。不过，一天究竟工作几小时，其实并不是决定性的因素。我当了母亲以后，曾经有过几段时间最为心神不宁、烦躁易怒。其中有一段时间，我根本没有上班。（在家当全职妈妈，同时照顾一个婴儿和一个刚学走路的孩子，实在让我筋疲力尽。说真心话，有时候我简直无法面对白天！）还有一段时间是我在做兼职（然而，看护孩子才是重中之重，以致我在白天工作时，从来无法完全放下恐惧和责任感）。可是能否成功切换工作模式与亲子模式，真的不在于我们一天具体工作几小时，而取决于我们能否妥善处理那几小时带来的精神压力。

学会放下效率思维，对于促进人的身心放松、缓解精神压力帮助非常大。效率思维本来就令人精神紧张，因为你一直在为某个可望而不可即的东西努力，时刻保持警觉，以确保完成每个目标。而关掉工作模式、转换到孩子的视角、花时间与孩子玩耍嬉戏，却能给你带来丰厚的回报——让你重新充满能量。但是，要实现工作模式与亲子模式之间的成功转换，你必须学会驯服身体里的这个"恶魔"——

精神压力，将你自己的身心健康也纳入家庭生活的建设范围中。

精神压力对亲子关系有何不利影响

那些处于精神崩溃边缘的父母，你从一里之外就能一眼看出来。他们的眼神里有种狂野，一边押着孩子穿过停车场，一边嘴巴不停地往外冒着各种乱七八糟的"台词"（而且略嫌尖刻）："我真是受够了！上帝啊！这到底有多难？我已经对你说过多少遍了……"

对于这样的情景，我们似曾相识。

精神压力会造成严重的思想干扰，让职场父母无法从工作模式顺利切换到亲子模式。精神压力会破坏我们的努力，让我们无法成为自己想要成为的那种人——充满爱意、态度亲和、从不呵斥孩子也不会失去理智的好父母。精神压力会使我们体力耗尽、能量衰竭，下班回家后根本无力轻松愉快地与孩子建立亲子联结。精神压力也会在心理上"消耗"我们，让我们思绪乱飞，远离当下，从而更难接收到孩子发出的信号。精神压力会"劫持"我们的自信心，用吹毛求疵、恐惧和忧虑消磨我们的信念，让我们变得紧张不安、烦躁易怒，变得容易对着孩子大呼小叫。

饱受精神压力折磨的父母很难提供孩子茁壮成长所必需的关爱、热情和始终一致的边界。

精神紧张是人体对于危险的自然反应。人类在面临威胁时，神经系统内部会触发一个短回路，绕过大脑前部的思考区，直达后脑控制生存本能的内分泌区。于是，我们会立刻提高警觉、做好准备，随时响应哪怕最微弱的信号。这种高度戒备、过度反应的"战逃模式"（战斗或逃跑）有着极其重要的作用，能在危急时刻救我们的命。但是，如果我们面对的是高声尖叫的学步期的幼儿或者乱发脾气的 10 岁的小孩，这种"战逃反应"就没那么有用了。相反，它会诱使我们把孩子当成敌人，要么战斗要么逃跑，并妨碍我们运用更多大脑反射区去认清事实的真相——当前形势其实不存在威胁，不需要防御，我们面对的只是一个稚气十足的幼童而已。

职场父母的应激响应机制一天当中大部分时间都处于触发状态。当今社会，职场竞争十分激烈——我们一直都在为职业生涯而奋战。（"我必须按时完成那个项目。""项目必须运行良好。""我一定不能失败。""这个项目对我的事业关系重大。"）任何挡我们路的东西都会被视为威胁——不称职的同事、出现故障的设备、一起挤公交车的路人……所有这些，都会刺激我们分泌大量的肾上腺素，做出"战逃反应"。上班时，我们的"战逃模式"按钮更是长时间连续不断地被按着，最后终于变成了常亮状态，而且要关掉它变得越来越难。如果我们每天的生活都像走钢丝似的神经紧张，拼尽全力，避免发生任何疏漏，长期的精神压力就会变成常态。我们会感到人生似乎本应如此，将来也不会有什么变化。

我承认，一般只有在与孩子互动时，我才意识到自己正处于精神紧张状态。我会发现自己正为一些小事——诸如卧室不整洁或者酸奶溅了一身之类的事——对着儿子喋喋不休，或者针对儿子某些小小的过失施加堪称荒谬的"后果"（"够了！这就是压死骆驼的最后一根稻草！我要收走你的遥控器，把它丢进垃圾桶！"）。有时候更糟糕，我根本无法中止极其强烈的消极互动，因为我真正需要的其实是发泄自己的心情，而不是对儿子做出回应。

太大的精神压力会导致父母反应过度。精神压力会激活反应速度快如闪电的神经网络，所以精神紧张的父母根本不会停下来思考或倾听，而是直接对结果大加评判。于是，我们可能经常会因一点小事而反应强烈，勃然大怒。

并且，因为精神压力激活的是大脑中对威胁最为警觉的区域，我们会变得更容易对他人的意图做出负面的理解。精神压力会提前让整个神经系统进入戒备状态，将他人的举动解读为侵犯性的，这使我们更迅速地推断孩子正在故意惹恼我们（实际上那只是孩子气的举止而已）。"战逃反应"非常容易引起斗争，它的存在让父母在面对孩子时越来越难以保持冷静，而且精神压力周期变得更长，最后一定会导致双方谁的话也听不进去，谁的需求也得不到满足。

当职场父母是一个很大的挑战，所有人都有感到不堪重负的时候。但是，如果我们不能好好管理自己的精神压力，或任由它变成长期慢性的困扰，它就会逐渐耗尽我们的能量，导致我们无法建立良好的情感纽带，并最终破坏整个家庭的幸福感。

明确什么才是真正重要的

关于如何减轻你的工作压力，我确实没有什么好的建议可以提供。我不在你的工作岗位上，无从了解你的工作要求是什么，需要具备（或者不具备）什么样的条件。这个问题只能由你自己解决了。尽管如此，我还是要说一句：如果工作给你带来的精神压力正在损害你的心理健康，千万不要忽视它，一定要有所行动。不过，如果你的精神压力是由于努力建设现代化家庭生活而导致的，我倒是有一些想法可以谈谈。我要说的头一条便是"精简"。

试图利用在家的时间做太多的事情，会进一步增加你的精神压力，让你更难摆脱以目标为核心的工作模式，并切换到以过程为核心、充分享受当下的亲子模式。何苦做这样的事呢？有时，我们把工作以外的时间搞得过于"拥挤"，以为这样做有用，甚至十分必要——只有完成所有任务，搞定一切，才能创造我们所期望的家庭生活！但是后来我们发现，成天为了创造良好的生活条件而忙忙碌碌，结果根本没有时间去享受家庭生活。有时候，造成我们手忙脚乱的原因是，事情重要性的排序发生了冲突。作为父母，我们自然而然地想为孩子创造最好的条件。只要孩子错过一次生日派对、空手道锦标赛或者单簧管课程，我们都会感到仿佛是自己令孩子失望了。然而，不遗余力地往有限的时间里塞进太多事务，就会把创造幸福必不可少的其他"配料"给挤掉了，比如放松、玩耍和亲子联结的时间。

如果你真的想要驯服精神压力这个"恶魔"，创造自己向往的家庭生活，你就必须挑战某些深植于心的信念，质疑那些你一向视为天经地义的事情，并依据你自己的目标（而不是其他人的目标），对事情的重要性重新进行排序。而这意味着你首先要明确什么才是真正重要的东西。

■ 精减待办事项清单

如果完成待办事项清单上的全部任务所需的时间太多，甚至妨碍你陪伴孩子，那么是时候把清单拿出来严格审视一番了。第一步，写下你目前努力想在家庭时间做的每件事。比如，在星期日晚上写下你那个周末做的每件事——做的每顿饭、检查的每份家庭作业、制作的每份手工、打过的每个电话……尽可能完整地列一个清单。在这些内容基础上，再添加所有你本来想做但实际上没做到的任务。检查这份清单，看看它是否具有代表性。如果有些事情你通常会做，但清单中还没有，把它加上去。这样做的目的是创建一份主清单，让它体现你尽力想要在非工作时间做的所有事情。

针对清单上的每项任务，问自己 4 个与重要性排序相关的问题：

- 这件事必须做吗？
- 这件事必须是我做吗？
- 这件事必须做得这么好吗？
- 这件事必须现在做吗？

对清单认真审视，逐项推敲，然后选择处理方案，比如删除、委派、外包、推迟或者放弃完美主义。你要明白，把每件事都做完是不可能的，自然更无法把每件事做到完美，所以你要挑选出那些真正重要的事，剩下的事寻找其他方案去解决即可。比如，你也许想要训练一支由 7 岁以下儿童组成的足球队，那么问问自己：现实允许你做这件事吗？如果做这件事，会有什么不利因素？如果做这件事，是不是必须放弃别的什么事？做这件事对谁的影响最大？如果放到明年做，会有什么不同？另外，如果你不担任教练，只当家长助理又会如何？

经过如此认真的分析考虑，如果你依然认为担任 7 岁以下儿童足球队的教练对你来说确实很重要，那太好了！如果这件事能让你发挥强项、施展才能，令你感到十分愉快，同时还能给你带来自我提升和自我激励，那么毫无疑问，这件事能增加你的幸福感，那么它百分百值得去做。如果一项活动能让你更看重它的意义和它带来的喜悦，而不是操心它占用了你多少时间；如果它能令你充满活力，并能让你通过努力学到知识、获得领悟、加强联结、得到回报；甚至比这些还棒：它能击中你关于体育锻炼和待人友善的"甜蜜点"，有助于你实现自我认同（和自我喜悦）——那就为它多花时间，而不是少花时间。因为这样的活动正是制造幸福的"材料"。在你的清单上，这样的事项多多益善。

有些事情可能只是你觉得理应要做，或者朋友们都在做，或者不做的话婆婆会对你有看法，或者你一直以来都是这么做的。如果仅仅是出于上述这些理由，那就不要去做那些事。如果有些事情让你感觉耗费精力、郁闷甚至愤怒，那也不要再做。你可以为这些事情寻求其他解决方案——取消、委派、延后、凑合，或者换一种方式去做。既然不可能事事优先，那就必须抓住重点，并且不断审视清单，找出那些能够丢掉或外包的事项。

有些事情是一直都要做而且不得不做的，比如洗衣、做饭（没有多少人负担得起样样都外包），但是要确保家人合理分担家务——这里的家人也包括孩子在内。不要在工作一天之后，还要跟在孩子后面清理收拾，做那些孩子自己就能做的事情。应该教孩子们学会独立，并期待他们打理好自己的事务，为家庭做点儿贡献。无论是自己铺床、自己准备午餐便当，还是自己洗头发，只要孩子们能独立完成一件事，就意味着你可以少做一件事。当然，你必须花些时间教他们如何掌握新技能（而且必须接受孩子做得肯定不如你好）。如果你不试着让孩子承担基本任务，说不定直到他们上了中学，你还得帮他们往面包上抹黄油、帮他们收拾书包。当孩子已经可以做一些力所能及的简单家务时，父母依然不辞辛劳地包办一切，这已经不是在爱孩子，而是在蓄意破坏他们的成长，同时还弄得自己永远没有足够的时间去享受亲情与快乐。所以，一定要严格对待你的待办事项清单。

思考小贴士：

想一想，你工作之余的时间是怎么度过的？哪些活动能让你开心？哪些活动能让你充满活力、精神焕发？哪些活动让你感到最有意义、无比欣慰与满足？什么时候你的自我认同感最强？

■ 关注大目标

等到待办事项清单上真的再也找不到可以划掉的事项，你就可以进行优先排序了。这时，关注结果的工作模式就可以派上用场了。另外拿一张纸，写下你为家庭生活设立的大目标（不要超过 3 个）。大目标必须是真正至关重要的事情，比如"让孩子成为善良的人"，或者"让孩子拥有幸福的童年记忆"，抑或是"让世界有所改变"。确保写下来的大目标真正符合你的梦想和价值。接下来，你便可以玩一场"头脑风暴"，列举对于实现这些目标有直接贡献的一系列行动，比如，为某位有切实需要的朋友做一些好事；和孩子一起爬山；参加当地为某个问题而举行的抗议活动。目前你在这些事情上花多少时间？任务清单上有多少项任务是对这些大目标有直接贡献的？有多少项已经在进行当中？你是否让许多纯属跑腿性质的任务占据了你的时间，让自己产生了有所作为或掌控全局的幻觉，而实际上并无实际意义？比如一周洗一次车，对你的大目标有直接贡献吗？你是否经常用此类事情来消除烦躁感或无能感？如果你把这些时间花在更直接地创造幸福感的事情上，又会如何呢？

当你把有限的时间和精力花在真正对你有意义的事情上时，它们反而会令你更加精力充沛。

要优先完成有意义的活动，并对自己能做哪些事情给予合理的期待。或许你仍然会觉得比较累，但这种累的感觉比以前好太多了！如果你做不到完全无视他人的眼光，我讲的这个小故事或许能给你一点启发：我认识的一位妈妈，一整年都没有给家里吸尘，打扫卫生。为了不丢脸，她把吸尘器放在门口。每次有人登门，她就拿起来装模作样比画几下，说"抱歉，家里很乱，我正要打扫卫生呢！"（但是其实她从来没干过！）

我过去经常逼着自己下班后一回到家，就要把所有家务都做完，然后才能坐下来看一个小时电视，或者心情轻松地上床睡觉。慢慢地，我学会了回到家的第一件事是坐下来和 10 岁出头的儿子先玩一会儿，舒展一下心情。比如，我们常常会聊聊各自的情况，或者这一天过得怎么样，又或者就是一起说说傻话。用这种方式，我同样放松了心情，哪怕有时候家务根本没做完。其实家务活永远都干不完，而我和儿子相处的时光却是无价的！

百忙之中，不要忘了呵护自己

照顾小孩一定是件苦差事，要是你不止有一个小孩那就更麻烦了。他们表现最恶劣的时候——无论是感到厌烦、闹情绪，还是吵架斗嘴——真的是一点都不好玩。如果你自己碰巧也处于不好的状态上——了一天班已经累得不行，那就更加糟糕了。你的内心要无比强大，才能在那种困难的时刻保持平静、坚持原则。如果你希望给予自己正能量、享受家人团聚的时光，那么你绝对有必要花点时间给自己"充满电"。对你的待办事项清单一定要做到毫不留情，能删则删，但要确保一点：不要总让时间紧迫这种压力挤掉你的私人专属时间。

你把事情安排得一件紧接着一件，日程表精确到秒，即使是几分钟的自我护理看上去也都难以实现。但这是一个典型的效率思维陷阱：你看上去好像节约了时间，实际上却损失了不少时间。育儿是一场漫长的马拉松比赛，不是短程冲刺，所以你必须把眼光放长远一些，照顾好自己。你得像运动员一样合理"规划"自己的生命，留出恢复体力的时间，只有这样才能持续跑下去。作为职场父母，你会发现在满足了自我需求后，生活竟变得轻松了许多。出门放松一下，和朋友们见见面，并且花时间兼顾一下自己的兴趣爱好（而不是一味地满足孩子的需求），这些活动对你的身心健康至关重要。

职场父母很容易不假思索地放弃自己的放松时间，因为事情太多、时间太紧，总有些事不得不放弃。但是，一旦我们经常性地把自己的身心健康降到次要位置，就会开始对花费时间照顾自己感到愧疚，而宁愿把全部时间都投入家庭事务中。渐渐地，身边的人也忘记了支持我们，因为他们已经习惯了由我们一直照顾他们。然而，由于疏于照顾自己，最终结果必然适得其反。这是因为，如果我们不能把自己照顾好，就会很快失去照顾他人的能力，也无法按照自己的意愿成为一个平静而富有同理心的父母。并且，把自己的身心健康降到次要位置，也会令我们失去管理精神压力的能力，以致我们变得更加疲惫。

　　我并不是建议你每个周末都去放飞自我，或者每周去做一次SPA（不过，我建议你抽空去做一做）。小小的自我护理也能带来很大的改变。照顾自己，也可以体现在日常生活中的无数细小选择和零星时光中，而不单指偶尔才能有的放大假。为自己列一个清单，列举所有你在失意时刻能用得上的自我护理方法（我就是一名职场妈妈——我太喜欢列清单了）。以下是我自己筛选出来的一些自我护理方法，时长从 1 分钟到 1 小时都有，可供忙碌的父母们参考：

- 出门散步（和孩子一起或者不带孩子）。呼吸一点新鲜空气，看看不同的风景，进行轻度锻炼，这种方式有着神奇的恢复精神和冥想静心的效果，而且几乎不用做任何准备工作。即使只是短短几分钟的散步，对于你的身心健康也是十分有益的，尤其是与大自然的亲密接触。

- 回忆美好时光。想想幸福的事情，比如一次真正愉快的度假，或者出去玩得特别开心的一天。闭上眼睛，努力重现每个开心时刻，在脑海中尽可能具体地描绘细节。重现美好时光，可以释放那段记忆中所蕴含的积极正面的想法和感受，并将其带入当下。（下班回家途中特别适合做这个练习！）

- 体育锻炼。不拘形式——跑步、游泳、健身、骑自行车——只要是可以随时开始、随时结束的锻炼项目都行，只要有半小时空闲，就可以随兴做一做。

- 专注呼吸。实际上，你还可以什么都不做，只要花几分钟时间专注地呼吸，就能得到深度的放松。闭上眼睛，用鼻子吸气，同时缓慢数到5；屏住呼吸，数到3；然后用嘴巴呼气，同时缓慢数到5；停顿，同时数到3。重复上面这个过程，你的氢化可的松（皮质醇）水平会立即下降。

- 多与你看重的人联系。把碎片时间花在特殊的人际关系上，会带来丰厚的回报。花一分钟给伴侣发一条充满爱意的短信，或者给你姐姐/妹妹发一个有趣的笑话，或者给最好的朋友发一条"你还记得吗？那次……"

- 跳舞。如果你不爱动，就听听音乐。拿起手机，不要去浏览各种社会新闻，去找一首你特别喜欢的歌，要能让你心动不已，忍不住扭动起来的那种。在花园、厨房里，旁若无人地舞动起来。如果实在害羞，那就冲澡的时候好了，总之让自己任性地疯一下。每天往播放清单上添加一首自己最喜欢的歌曲，这样你随时都能找到只需五分钟就能给自己充电的活力音乐。

- 舒展拉伸。站直身体，双脚稳稳地站在地上（光着脚最好），然后尽量往上拉伸。想象着有一根线正在轻轻地把你的头往上提拉，同时重重的购物袋正在把你的两臂往下拽。学一些瑜伽的拉伸动作，在白天利用零星时间做几个动作。

- 户外小坐。我有幸拥有一个花园，于是做了有史以来最棒的一笔投资——专门打造了一个舒服的小憩之地。即使在冬天（只要不下雨），我也会抓起外套、端上一杯茶，去那儿坐一坐，看知更鸟飞来飞去，聆听鸟儿们歌唱。当然，你在公园里找一个长椅也能实现。

- 抬起头，让脸沐浴在阳光中。享受那份温暖，体会清风从皮肤上轻轻拂过的感觉。

- 正念练习。无论你身在何处，只要几分钟，停下手头的事情，将注意力完全集中在当下。专注于你掌控力最弱的感官，比如，现在请闭上眼睛。你能听到什么？你能闻到什么？如果有别的念头干扰你，让它们过去，将注意力集中在当下。

- 听播客——好玩的节目或广播剧都可以。我几乎从来没有完整地听完一个广播节目而不被孩子或工作打断，于是我把这些节目全部下载，只要有几分钟空闲就拿出来，戴着耳机舒舒服服听上一会，轻松一下。

- 享受沐浴。锁上浴室的门，从容不迫地享受一次豪华版沐浴——香薰蜡烛、泡泡澡、舒缓的音乐……别忘了深呼吸。

- 读书。随着年龄的增长，我会越来越快地丢掉那些不合我"胃口"的书。读自己喜欢的书，哪怕只有15分钟，也能让你浑然忘我。（孩子们看到你因为读书而快乐，也会得到鼓励去多多读书！）你也可以听有声书。（上下班途中听有声，书简直太爽了！）

　　我相信，你列的清单肯定比我的更好，因为你已经对自我护理有了充分的了解。你也很清楚应该做这件事。如果你已经养成了先人后己的习惯，总是把照顾自己放在待办事项清单的末尾处，那么我请你停下来。照顾好自己，会让你成为一个更好的父母，孩子们会为此而感激你。但是，照顾好自己的意义不止于此，还在于你很重要，你的身心健康很重要。如果你不幸福，你的家庭也不可能幸福。所以，一定要留出一些时间，做做那些能让你精神振奋、肌肉放松的活动，然后你会发现，家庭生活变得愉快多了！作为一名职场父母，你也变得愉快多了！

行动小贴士：

◎ 对你目前在家做的所有事情进行一番认真仔细的审视。能不能少做一些？哪些任务你可以不做或者委派他人去做？哪些任务可以加速做或者推迟做？

◎ 写下你为家庭生活设立的大目标（不要超过 3 个）。找出那些真正符合你的梦想和价值的目标。你清单上有多少任务是对这些大目标有直接贡献的？

◎ 做一个自我护理清单，时间长短从 1 分钟到 1 小时不等。把清单放在随手可得的地方，当遇到突如其来的情绪低落时可拿出来参考一下。找出一周日程表上相对固定的时间档，安排一个专门的"身心康复时间"。

● 第 12 章 ●

你是否对孩子好过头了？

我之所以要求你照顾自己比照顾孩子多一点，还有一个原因：这对孩子有益。这个观点听起来有点不符合常理，但实际上父母为孩子做得太多，确实会妨碍孩子学习如何独立行事。孩子通过学习自己做事可以获得掌控感，而掌控感是建立良好自尊不可或缺的因素。职场父母如果为孩子做得太多，不仅冒着耗尽自己精力的风险，而且还会剥夺孩子学习领悟、取得成功和获得良好自我感觉的机会。

现在的父母是在双重鞭策下辛苦劳作的：与从前相比，我们的工作负担更重，育儿负担也更重。对于妈妈来说，工作不仅不能代替育儿，还让育儿负担变得更加沉重，而现在的爸爸们（在我们这一代人以前，男性很少参与育儿事务）除日常工作外，也必须亲自参与育儿事务。我们这一代人相信当好父母实在关系重大，所以总想把事情做好。但是，"做正确的事情"和"做所有的事情"很容易被混为一谈。

过去，当个好父母似乎简单得多，只要有基本的付出就够了，比如，给予爱、庇护、食物和热情；保持孩子的卫生；确保能让他们上学；告诉他们什么是对、什么是错。但如今想当个好父母可没有那么简单了——似乎要为孩子的生活承担方方面面的责任。我们担心每个小小的决定会带来负面影响；我们认为做个好父母意味着要做好力所能及的每件事，为孩子们的成功与幸福铺平道路。这相当于我们给自己写了一份不可能完成的"岗位说明书"。因为有太多的东西需要记住、需要负责、需要去做，所以我们时不时地会被自己的心理负担压垮，大脑里时刻塞满了忧虑、任务和责任，一直嗡嗡地响。

职场父母总感到苦恼，总认为自己为孩子做得不够，可实际上我们常常是做得太多。我们总因为没有足够的时间陪孩子而心怀愧疚，于是会把工作以外的所有时间毫无保留地奉献给孩子，全力帮助他们。我们会应用自己的效率思维与技能去规划和安排孩子生活的方方面面，发现和分析问题，保持高度警觉，随时准备为他们的人生道路扫清障碍，并想方设法消除他们可能有的一切不适感（如果我们做不到，就会充满愧疚感）。我们不希望孩子错过任何事情／机会，并且会插手干预，防止他们经历挫败或失望。我们是"风险规避与干涉项目经理"，几乎不让孩子承担任何风险或责任，不让他们独立，对他们也没有什么期待。同时，我们也因为没有时间给自己充电，只能通过喝酒或追剧等方式让自己简短而快速地放松一下。

父母的参与对孩子的成长十分重要，但是包办孩子的一切，不仅会有让自己的劳累度超出极限的风险，而且会对孩子产生负面影响——让孩子失去建立良好自尊的机会。父母必须放手让孩子做自己能做的事情，允许他们犯错误，并把从错误中学到的东西加以运用，只有这样，孩子才能建立和加强自我价值感与自我效能感。在育儿这件事上，有时"少就是多"。

孩子拥有了良好的自尊，就更容易拥有较强的适应能力，感觉幸福，易于相处，因而能轻松交到朋友。

自尊从哪里来？

自尊是我们对自己的才能和价值所持有的观点。它不是客观存在的事实，而是我们在解读外部证据和自身经历的基础上形成的主观看法。两个孩子对同一个事件可能会做出不同的诠释，从而对他们的自尊产生不同的影响。比如，针对同一场足球比赛，同在输方的两个球员会看法迥异。客观地说，他们在同一个球队，而这个队输掉了比赛，说明他们二人都踢得不太好。但一个球员沮丧离场时可能会想："这场比赛太难了。我踢得真烂。下雨弄得场地太滑，对方球队也比我们更强大。我们的防守太烂。必须加强传球和防守训练，下周可不能让对方进这么多球了。"另一个球员的看法却可能完全不同："这场比赛太难了。我踢得真烂。如果我在那个角上没有搞砸，对方就不可能进第一个球。我的传球偏得太离谱了。我的水平太差了！他们选中我，肯定是因为球员不够。下周我不想再上场了。"这两个球员都认为自己踢得很糟糕，但是一个人看到了自己改变和进步的可能，而另一个人却摆脱不了失败感，对自我价值得出消极的结论。看，同一场球赛，得出了全然不同的结论！

要让孩子建立良好的自尊，并非只让孩子拥有成功的经历，而在于他们如何理解和诠释这些经历。如果孩子诠释这些经历的方式，让他们感到自己被接纳、能干、有效力，他们就会对自己感觉良好。"感到自己被接纳"的意思是说，孩子感到自己无条件地、全然地被爱、被需要、被珍视。"感到能干"是说孩子相信自己能够把事情做好，能成为小行家，能掌控事情的发展。"感到有效力"则是指一种力量感。当孩子看到他们付出的努力和取得的进步之间的关联时，就会产生这种感受，并相信是他们的行动让事情发生了变化。良好的自尊来源于孩子对自身经历的正面解决——令他们相信自己是可爱的、珍贵的，相信自己很能干、有才华（至少在某些方面），并且相信自己的所作所为能让事情发生改变。也就是说，他们对于结果能够有一些控制力。

让孩子建立良好的自尊，并不是要确保孩子的人生永远不会遇到挫折；不是明明知道他们不擅长某件事，你却闭着眼睛告诉他们"做得很好"；不是避免他们有任何不愉快的感受，或者帮他们扫清人生道路上的障碍；也不是强迫孩子去做到最好；更不是付出我们的一切去满足他们的需求。让孩子建立良好的自尊，是要求我们无条件地爱我们的孩子，为他们提供机会去尝试、获得成功、遭遇失败，并帮助他们对这些经历进行积极正面的解读。

让孩子去尝试，去经历失败，去学会如何成功

如果你正在利用工作之余的点滴时间与孩子建立联结，创造有意义的时光，那么你就是在让他们感到被爱、被接纳。当我们花时间和孩子一起做喜欢的事情时，孩子就会感受到自身的价值。所以，你要和他们聊天；和他们一起追逐闪闪发光的糖果纸；对他们表达挚爱深情。对他们笑——要多多地笑！父母喜欢和孩子做伴，就是向孩子发送强烈的信号，表示他们是被接纳的，而且是以他们本来的样子被接纳的。

然而，我们总是忍不住往前多迈一步，认为无条件地爱孩子就是毫无保留地为孩子做一切事（"我愿意为我的孩子做任何事情"），并且用替孩子包办一切的方式来表现我们的爱有多么深。职场父母特

别容易掉进这个思维陷阱，因为我们常常为在家陪他们的时间不够而深感愧疚。我们一回到家，就想做一个称职的爸爸／妈妈，以弥补自己缺席的时间。我们拣起丢在地上的酸奶罐（他们完全可以自己做），整理孩子的书包（他们完全可以自己做），用项目管理的方式替孩子规避所有失败的风险，防止孩子陷入任何可能会出现的困境（而不是帮助他们自己面对挑战，并从错误中吸取教训、从头再来）。我们把确保孩子一切顺利的重任完全扛在了自己的肩上，弄得自己的精神压力非常大。一旦发现有什么疏忽，我们就冲过去"扑救"，在工作会议上遮遮掩掩地疯狂发短信，安排某个人帮忙把女儿忘带的午餐便当送去学校，或者每天晚上详细检查儿子的功课，以防他错过任何一项家庭作业，尽管这会给我们已然十分沉重的心理负担增添额外的压力。

有时，这种过度的育儿行为背后是父母自己的信念在作祟：我们成天不辞辛劳地上班，折腾到筋疲力尽，不正是为了给孩子创造好的生活嘛！而好的生活，怎么可以有失败或失望呢？（可是真的会有。）有时，成年人会把育儿当成精神支柱，用来支撑自己脆弱的心理，于是为了当个好父母不遗余力，好让自己感觉是被需要的、有价值的。有时，我们只是陷在连续不断的工作模式中，把孩子当成了展示自身才华的"项目"（"看，我工作这么忙，还能做得这么好！我的孩子从来不会忘记带运动装备包或者家庭作业，在世界读书日穿得那么漂亮！看，这些全都靠我！我每件事都记得牢牢的，替孩子把一切都安排得妥妥的——而且我还要去上班！"）

有时，父母只是出于恐惧。我们想为孩子规避所有的风险，因为只要一想到孩子将会遭受痛苦，我们就顿感不能忍受。

然而问题是，为孩子们做得太多，虽然可以满足父母的自我价值感需求，却恰恰对孩子建立良好的自尊起到了相反的作用。总有人在旁边替孩子记着所有的事情，这样会使孩子无法变得能干、独立，进而剥夺了他们建立自尊的宝贵机会。总有人在旁边确保孩子不会犯错（并且在他们犯错时及时干预，把错误纠正过来），会让孩子产生无力感而不是效力感。过度育儿会向孩子传达一个信息："我认为你做不到，所以我正在替你做。"而这会阻碍他们的能力发展。过度育儿的父母不会把犯错误看成是孩子成长过程中不可避免的事情（错误能教会人们如何将某件事做得更好），而是发出信号——要不惜一切代价避免失败，然而这样做只会让孩子对失败产生畏惧心理，结果不是把孩子推向了完美主义，就是让他们不愿意再继续尝试。我们为孩子的人生道路扫除障碍，以免他们感觉不爽，其实是在向孩子传达一个信息："我不认为你足够强大，能对付得了（这些事）。"当父母低估孩子做事的能力时，孩子也学会了低估他们自己。

孩子每掌握一项技能，每克服一点小小的障碍，都会帮孩子建立和增强自尊心。无论是学步期的幼儿玩不停变换形状的填充砖块游戏时，终于找准了正确的砖洞，还是10岁出头的孩子学会了驾驭一个麻烦不断的朋友，孩子都会相信"只要我不停尝试，我一定能做到！"并因此建立良好的自尊。孩子的成就感不光来自体育、音乐或学习成绩等方面的成功（父母最爱在社交媒体上炫耀的那些），日常小事上的成功同样很有意义。只要孩子能在某事上成功（什么事都行），他们就有了为自己感到骄傲的机会。幼儿自己成功穿上裤子、体验成就感的那一刻，同样是建立自尊的时刻。

所以，父母要教给孩子的是独立——期待他们自己穿衣服、自己收拾玩具、自己整理书包、晚餐后打扫卫生、往洗碗机里放餐具，以及帮忙做些家务事。这些日常细小的"成就"全都能给孩子带来

"我很能干"的感受（这也意味着你可以少做一些事情）。孩子自己能做的事情越多，你要做的事情就越少，你背负的心理负担也就越轻。

把孩子作为"能为家庭做贡献的人"来看待，而不是当成小王子或小公主，才能真正帮助孩子建立自我价值感。

无论何时，只要有可能，你就应当挑战自我：给孩子让开道路，放手让他们去尝试。父母退后，让孩子去做，就是向孩子发送信号："你能做得到！"即使他们没有成功，我们仍可以帮助他们以积极正面的方式解读这些经历，把注意力放在他们取得的进步上。（"你差不多就要成功了！""比上次好得多！""你真的很努力！"）我们对孩子的努力和进步表示认可，就是在给孩子做示范，教会他们如何对已发生的事做出积极的诠释，让孩子学习领悟并为己所用。

> **思考小贴士：**
>
> 对照托儿所 / 幼儿园或学校对孩子的期待，检查你自己对孩子的实际期待。在需要大人帮助的事情上，比如吃饭、搞卫生、换衣服、放置个人物品和个人卫生用品，你是否期待孩子在家里独立完成这些事情，达到他们在托儿所 / 幼儿园或学校一样的水平？

然而，别忘了，注意力是一种超厉害的能力，所以你得巧妙运用，不要随意说出溢美之词。不停地对孩子说"好极了""真令人惊奇""你最棒"这样的话，表扬很快就会失去效力。

实际上，过度吹捧式的表扬会抑制孩子的学习欲。

家长：你数学课学得太棒了！

孩子的理解：我已经学得很好了，不需要再努力了。

过度吹捧式的表扬也会破坏孩子对你的信任。

家长：你是有史以来最棒的数学家。

孩子的理解：我不相信你对我的看法，很明显这不是事实。

过度吹捧式的表扬还会造成孩子畏惧失败的心理，损害他的自尊心。

家长：你数学课学得这么好，我太为你感到骄傲了！

孩子的理解：我必须一直把事情做到完美，才能得到爸爸/妈妈的认可。

家长必须给予孩子切实而可信的表扬，并帮助孩子以积极正面的方式诠释失败，只有这样才能为孩子建立良好的自尊做出最大的贡献。

如果你的女儿在音乐独奏会上的表演确实很糟糕，你却告诉她她演奏得特别精彩，这对她建立自尊毫无益处。你应当关注真实的成绩和真实付出的努力。如果她拉完小提琴走下舞台时说："我拉得太差了。"你不要说："不是哦，一点儿也不差！"这对她来说没用。你要向她示范如何正面解读这件事，不妨这样说："这首曲子比较难，我发现你找不到调子了。不过你没有放弃啊，坚持从头拉到尾，这一点你做得很好！我真的很佩服你！希望下次别再遇到这么难的曲子了。"这样说，你就是在给她示范，如何从不愉快的经历中摆脱出来。

职场文化的理念是：失败是一件坏事。失败意味着损失利润、没有奖金，当然最糟糕的结果是丢掉工作。但孩子需要的家庭文化应该是这样的：失败和做错事情都是好事；失败为学习提供了机会。

（"我做错了——唉！不过现在我知道下次不可以这样做了！"）错误如果得到了积极的诠释，就能成为孩子成长发育的一个天然促进因素，而这意味着父母要少对孩子采用施压的方式进行教育。

■ 是推动还是拉动

父母不应包办孩子生活的方方面面，相反，应当多多运用拉动的方式，将责任移交给孩子，让孩子以积极负责的态度参与并创造自己的未来。"拉动"是指最大限度地倡导孩子进行自我引导式学习。鼓励孩子自己设定目标、自己评估成绩、自行调整节奏，这些都是拉动的主要表现形式。拉动方式是帮助孩子建立自信、自尊的极佳方式，对于缺乏自信的孩子或正对某项任务感到吃力的孩子特别有用。

以阅读为例。假如你的女儿放学回家，带回了一本书。她的课程目标是在本学期末将阅读水平提升一级，但她并不擅长阅读，所以进步得很慢。她自己也觉得不太擅长阅读（这是事实——她的阅读水平比同班同学低了一级）。作为一个急于推动孩子学习的家长，你的第一反应可能是施压——"你今天晚上必须读完这本书，争取最大的进步，赶上同学们。"然而在阅读过程中，她每遇到一次困难都会感受到一次挫折，这种学习对一个孩子来说实在没什么吸引力。那么，她难过、放弃或拖拉就完全是意料之中的事了。

如果使用拉动方式，你或许可以这样说："很好啊，你有一本新书啦！你认为自己今天晚上可以读多少页？"如果孩子不喜欢阅读或者不够自信，她就会选择一个最低目标："就读 1 页。"你不要施压，只简单地说："好的，那你去读吧！"既然目标如此之低，她多半轻轻松松就能实现了，然而只要达成一个目标，她就能得到一点点好的体验——"咦，我还挺能干呢！"接下来，你可以鼓励她做个自我评价："怎么样？读这本书是轻松的还是困难的？你觉得明天可以多读几页吗？"如果她体会到了成就感，就会十分乐意把下次的目标提高一点（即使不是下次，也会很快）。但更重要的是，她会获得更多的掌控感，因而自我感觉会变得更好。持续实施这种自我引导的过程，几个星期以后，她就能一次读完一整本书了。反之，如果孩子在第一天没有达到父母设立的目标——读完一整本书，她就会因挫败感而得出消极的结论。（"阅读太难了。""真无聊！""我一点儿也不想读书。"）这样，她又一次肯定了自己的无能，越发失去了努力的意愿。

反之，如果她自己设立了一个高得离谱的目标，你也不要和她争论。任由她去读，看看她能读几页。（也许会有惊喜哦！）如果她没能达到目标，问问她是不是把目标定得太高了？帮助她把大目标分解成小目标，每天的完成量定得少一点。

当父母鼓励孩子自己设立目标、进行自我评价、从自己的错误中学习，并自行调整进程时，孩子会真正体验到能力感——"我能做到！"在育儿中运用拉动方式的主要途径就是提问。所以，孩子给你看一幅画的时候，不要立即开始过度吹捧式的表扬，你可以问问他们自己认为这幅画画得怎么样？（"我好喜欢你用的颜色！""你喜欢吗？""你最喜欢哪一部分？"）以此类推，如果他告诉你他在学校得了多少分，你可以问："你对这个分数感觉如何？"具有拉动作用的主要问题包括：

- 你对这个结果感到满意吗？
- 你哪些地方做得比较好？

- 哪些地方本来可以做得更好？
- 这次和之前相比有哪些不一样的地方？
- 下次还可以做哪些改进？

采用拉动方式育儿，意味着父母要做的事情更少（无论是心理上还是实际上），把责任和义务移交给孩子，让他们学会更积极地管理自己的生活。对学步期的幼儿来说，可能只是让他们自己学着穿衣服（至少能穿上容易穿的部分），但学龄前儿童就可以自己收拾玩具了，而小学生则可以整理自己的书包了。

"但是如果她不愿意负责任，老是忘带午餐便当呢？我不能让她挨饿呀！"运用拉动方式时，允许孩子犯错，并不表示我们可以袖手旁观，不再教他们做事，而是意味着我们要帮助孩子从错误中吸取经验教训，但不会一直帮他们弥补过失。如果你的女儿总是忘带午餐，你担心她挨饿，那你应该询问她："我怎么才能帮你记住这件事呢？""如果你忘记了，你能为你做点什么呢？"，而不是"我怎么做才能保证你不再忘记呢？"即使你帮助孩子使用了辅助记忆的手段、制订了备选方案，但是仍然要让她自己为这件事负责。

如果你一直帮孩子记住事情、整理东西，孩子就不愿去学习承担责任，或自己思考用合适的方法去做事。如果你总是坚持把每件事都添加到自己的待办事项清单上，孩子就需要花相当长的时间，才能学会为自己负责。同时，你会因为不停地规划、安排、记住每件事，把自己弄得手忙脚乱，而这与亲切有爱、充满好奇、富有童趣的亲子模式实在格格不入，并且会给你造成极大的精神负担，弄得你疲惫不堪，不可避免地引发你的不满情绪。（"我这都是在做些什么呀？上帝啊！记住带午餐这事究竟有多难？！"）如此这般，你终于陷入了指责、愤怒和习得性无能的怪圈。

孩子的大脑额叶发育还不完全，意味着他们还不会运用效率思维，同时还非常容易忘事。对于过分注重安排的父母来说，这实在令人恼火！你可以鼓励女儿在冰箱门上贴一张检查清单（写上"早餐后不要忘了做这些事情"）。如果孩子还不识字，你可以用一张图片显示他们应该放在书包里的每样东西。我教给儿子的做法是，如果他必须记得带某样东西，他就在前一天晚上写好便条，折起来塞进上学时要穿的鞋子里。有时他会忘记写便条、忘记带装备，但他终于慢慢意识到便条的确是个好东西。在卧室里放块记事板或白板也很不错，可以把一定不能忘记的试卷等挂在上面，还可以给自己写备忘录。鼓励年龄大点的孩子把装备清单列在白板上，如果你认为他们有可能忘掉了某件东西，就提醒他们对照白板检查一下。（如果他们说已经带齐了，而你看到阅读课本还在沙发上扔着，可以再次提醒他们："你确定？"这么做的核心要点是让他们学会自己记住事情。）如果女儿记住了带齐所有装备，你就表扬她；如果她忘了，你也不要急于补救——要让她自己设法解决问题。你回到家时，只要说："你要不要想点别的办法，保证自己明天不会忘记呢？"

> **思考小贴士：**
>
> 回想一下自己的童年：你几岁的时候做到了在没有大人陪同的情况下独自去公园或者去商店？你什么时候学会了换灯泡？你小时候在家里必须做哪些事？如果你忘记带某件东西去学校（如家门钥匙、午餐或阅读课本），会发生什么？

最低限度协助原则

如果你想减轻精神和体力上的负担，鼓励孩子独立，那么"最低限度协助原则"就是另一个真正有用的育儿利器。这个方法干脆利落，就是确保孩子得到尽可能少的帮助，以便让他们学会一项新技能。当孩子学会自己做一件事情的时候，你拥挤不堪的日程表上就又可以少一项了！

在评估父母帮助的程度时，你可以把"替孩子完成一项任务"计为"最大帮助"，而把"父母完全不管，任由孩子自己去折腾"计为"零帮助（或完全独立）"，就这么简单。

孩子不能完全掌握一项技能的时候，或者某项任务比较复杂，需要分好几个步骤来完成的时候（比如让孩子自己洗头发），确实会有些困难。如果你女儿还不会自己洗头发，你可能会忍不住一直帮她洗，因为这样速度要快得多。你心里很清楚，如果你完全不管，让她自己去洗，结果很可能是不成功，或者不让你满意——洗发水进了眼睛，头发乱成一团，地板上洒满了水，而头发还是脏的……这还远不是全部！然而，只要你继续包办，一直为她洗头发，她不仅永远学不会自己洗头发，而且还会错失良机——掌握一项新技能、获得"我很能干"的良好感觉，以及增强自尊心的机会。这就是我们提出"最低限度协助原则"的原因。

最低限度协助原则指的是：在孩子学习掌握一项新技能或完成一项复杂的任务时，只向孩子提供他们实际需要的帮助，从而培养孩子的独立性。

第 1 步：将任务分解成若干步骤

自己洗头发这件事，需要以特定的顺序做特定的事情。首先，你需要把头发打湿，再往手心里倒上适量的洗发水；然后，把洗发水抹在头发上揉搓（避免碰到眼睛）；最后，你必须把洗发水冲洗干净，拿毛巾把湿头发擦干，并梳理整齐。这个技能中有许多东西需要学习，所以你最好是让孩子每次只掌握一个步骤。当一项任务需要分成若干步骤完成时，学习也应分阶段进行。

第 2 步：检查哪些是孩子已经掌握了的

你在头脑中把任务分解成若干步骤之后，不要急于告诉孩子每一步应该怎么做，不妨先检查一下哪些是孩子已经掌握了的。你可以提问："第一步是什么？"如果她回答正确，那好极了！现在你们可以直接开始第一步。如果她答错了，那你就先教会她第一步："那是下一步哦！首先呢，你必须用水把头发打湿。"通过检查她已经掌握的内容，你可以找到恰当的点来启动学习过程，这时最低限度协助原则就开始发挥作用了。

第 3 步：放手让孩子去尝试

等孩子搞清楚了第一步的动作，你就可以建议她实际操作一下。对她说："为什么你不自己试一下呢？"然后放手让她自己去做。如果她做到了，好极了！顺利通过第一关！而你压根儿什么也不用干——这就是最低限度协助原则。如果她不愿意尝试，或者做起来有难度，你可以介入帮她一起完成——示范给她看，怎样把自己的头发打湿。

第 4 步：重复以上步骤

如果孩子比较小，需要多练习几次，那么这一次可以就此打住。下次给她洗澡时，重复同样的步骤，直到她确实掌握了第一步为止。（或者，如果第一步对她太难了，你可以跳到第二步，看看她自己是否能做到。）如果她进展顺利，很快掌握了第一步，你可以往下继续到第二步，再继续到第三步，你每一步都要重复同样的过程。记得一定要先发问，不要直接伸手帮忙："还记得下一步要做什么吗？"如果她知道下一个步骤，直接建议她动手去做，只在真正必要时才给予帮助。（实在忍不住时，把你的双手放在屁股后面！）相信在你反应过来之前，她就已经能独立完成整件事情了。

教孩子掌握任何独立完成的新技能，意味着你要接受孩子做事的方式可以和你不完全一样，也要接受他们可能做得不如你好。

记住，过程才是最重要的。通过这种愉快的不断摸索、反复试验的过程，孩子会觉得自己越来越能干，这才是整件事的真正意义所在。只要掌握了正确的过程，结果自然水到渠成（孩子更独立，父母更省心）。另外，管理不能太细致入微。如果你告诉孩子她又做错了什么，或者干脆接过来自己做，你就是在向孩子发出这样的信号："这件事你做不好。"如果孩子经常接收到这样的信息，他们就会理解成："我不够好。"只有让孩子得到这样的信息："我能找到办法把这件事做得更好。"他们才能从失败中得到积极的回应。从点滴小事做起，不知不觉地，你会"甩"掉很多事情，而干扰你大脑的细枝末节也会减少很多——正是这些琐碎小事的折磨，才使我们烦恼不已，没有心思去真正享受家庭生活、享受与孩子在一起的时光。

行动小贴士：

◎ 这个周末让孩子做午饭／晚饭。让他们自己设计菜单，想办法搞清楚需要什么材料，怎么烹饪。如果孩子比较小，你必须限制他们使用烤箱或锋利的刀具，但尽可能让他们独立完成每件事情。如果开火做饭对他们的挑战太大，你也可以建议他们搞一次室内野餐活动。

● 第 13 章 ●

学会驾驭情绪

影响职场父母在工作模式与亲子模式之间灵活切换的，不仅仅是那些安排得满满当当的日程表，孩子的情绪及其对父母情绪的影响，也起到了不小的作用。孩子真是喜怒无常、难以捉摸的小生物。他们会轻而易举地情绪失控或发怒，突如其来地为一点点小事就火冒三丈。面对一个尚不懂得如何控制情绪的小屁孩，你要控制好自己的情绪实在很不容易，尤其是当你忙完了一天的工作回到家中，感觉身体已被掏空的时候，想要控制好自己的情绪更是难上加难。

我们很容易将孩子的情绪发作视为不可理喻或者反应过度，因为他们的情绪反应太过强烈，常常令大人摸不着头脑。（"他这么闹腾，就因为杯子的颜色不对？！"）而且，孩子强烈的情绪反应很快会左右家庭生活。同时，强烈的情绪反应也是孩子最反社会、最令人心烦意乱的行为表现的根源——无论是哭泣、叫喊，还是胡乱扑打。作为父母，你一直在全心全意地奉献，为了替他们搞定一切，累得手都快要断了，所以当孩子的情绪矛头指向你的时候，你很难做到不被这股强大的情绪浪潮裹胁。于是你也跳了起来，要么勃然大怒，要么十分难过，要么就深感自己作为父母真是太失败了。

我们都深深地爱着自己的孩子，不遗余力地想要保护他们，以免他们遭遇困难或痛苦。但真相是：我们做不到。我们无法完美安排孩子的生活，让他们不流一滴眼泪，没有一丝烦恼，绕开每个挫折或伤害。如果父母相信自己有义务和责任去替孩子避开人生的每个潜在挫折，去把孩子从每个情绪低谷中拉出来，那就是陷入了效率思维陷阱，因为它只会让父母自身的能量被彻底耗尽，甚至被愧疚感和挫败感压垮。因为这是不可能完成的任务。虽然你可以每天像一名奥林匹克运动员那样背负着"要打破世界纪录"的心理负担冲刺，但依然无法保护你的孩子免于生活中的磕磕绊绊。你最终唯一能办到的，就是把自己折磨到筋疲力尽，而在这样的状态下，你会更容易对育儿过程中不可避免的打击做出情绪化的反应。

我们无法用厚厚的棉絮把孩子裹起来，保护他们不受任何心理上的挑战。即使我们能做到，对他们也没有任何好处。

我们上一章中讲述的最低限度协助原则，既适用于帮助孩子练习做事，也适用于安抚孩子的情绪。父母的职责不是消除孩子的情绪，或者为他们解决每个问题，而是帮助孩子学会管理情绪。孩子真正需要的，是父母帮助他们掌握技能、锻炼心理弹性，让他们有能力管理自己的情绪。只有这样，他们才能积极面对生活的挑战，治愈人生不可避免的伤害，并能快速地从不良的情绪中摆脱出来。

就情绪而论，从工作模式切换到亲子模式，意味着父母必须摆脱想要完成每一个目标、消除每一个风险、解决每一个问题、减轻每一次打击等类似的急切心理。相反，父母应转而学习如何倾听孩子的情感需求，在孩子遇到问题的时候保持冷静。虽然这要求父母不要那么主动，但在本质上更具治愈能力——父母在场的作用，应是让孩子感到更安全、更贴心，并允许孩子经历情感的起伏，自己找回内心的平静。为此，我们必须约束自己的情感，守住我们的情感边界，以真诚的共情去倾听孩子的诉求，陪伴他们度过人生的这些重要时刻。

"这不是我的果汁！"

说老实话，疲惫不堪的父母在面对孩子小题大做的情绪大爆炸时，会有各种各样的反应。我们有时会觉得他们挺逗，有时却十分恼火，有时还会感到难过。但是为什么幼小的孩子会有如此离谱的情绪呢？

首先，你要记住，孩子还没有积累起丰富的情感生活经验。绝大多数成年人到了生儿育女的年龄时，已经有了相当多的情绪体验——开心的、不开心的，高峰的、低谷的……我们很熟悉情绪反应模式，并逐步形成了管理内在情感的一些策略。我们已经学会了在被激怒时走开，在感到紧张时深呼吸……当我们被悲伤"袭击"时，即使伤痛的情绪极深，我们凭借经验也知道它终究会过去。我们已经掌握了一些经过反复尝试、反复验证的办法，可以让自己再次恢复如常。

父母很容易忘记一点：孩子并不具备这样的知识。孩子并非天生就理解什么叫"情绪"。情绪带来的强烈的身体感受会完全控制他们的思想和行为。想象一下，如果你是一个十分年幼的孩子，体内涌动着一股强烈的感受（比如愤怒），却找不到合适的词来描述这种感受。你不知道这种感受是什么，也不知道怎么才能驱逐它。你只是感到自己被一种无名的汹涌大潮吞没，而且不知道它还会翻起多高的浪，是会停下来，还是会越来越高涨，直到你的身体爆裂。这是一种令人恐惧的感受。强大的情绪真的能把孩子从地板上掀起来，又把他们摔在地上。孩子要用整个童年去学习和领会什么是情绪，怎样表达情绪，以及他们要怎么做才能控制情绪。

大脑需要发育到十分高级的程度才能真正进行情绪管理。从表面上看，孩子是在为一些芝麻绿豆的小事而大光其火，而实际上，这是因为他们生活的世界与成人的世界有着本质的不同。父母认为理所当然的宇宙物理性能远超一个幼儿的认知发展水平。融化的棒棒糖没法再原样粘回小棒；泰迪熊会吸水，得花时间等它晾干；即使穿着雨靴，若在水洼里踩得水花四处乱溅的话，裤子仍然会被弄湿——这些事实，幼儿都不是天生就知道的。所以，当他们看到诸如此类的事情发生时，会真的感到惊奇！想象一下，如果你生活的世界频繁发生出乎意料而又无法挽救的事情，你会是什么样的感受——很可能你也会被打击到情绪失控，而且这样的事一天要发生好几次！

然而，孩子由于缺乏理解力而发生的行为，常常被父母视为"认死理""一根筋"。最经典的一个例子就是红杯子和蓝杯子的差别——孩子会大声嚷嚷："这不是我的果汁！"并且情绪失控。作为大人，我们很清楚，不管装在哪个杯子里，果汁还是一样的果汁。所以，当一个明明十分口渴的小屁孩竟然仅仅因为装果汁的杯子颜色不对就大哭大闹时，我们会感到简直不可理喻、荒唐之极。然而在幼儿的眼中，情况完全不同。小孩子不相信用不同的杯子装的果汁会是一样的果汁。液体在不同容器里性质保持不变，只是形状随容器而变化，这是一条复杂的科学原理（名为"守恒定律"），孩子要长到六七岁，才会具备认知能力去理解这条定律。如果你当着一个 4 岁小孩的面，把饮料从一个矮胖的杯子倒进一个细长的杯子，他哪怕亲眼看着你只是把同样的饮料从一个杯子倒进另一个杯子，依然会相信细长的杯子装的饮料"更多"。幼儿没有能力去推断不同形状和尺寸的容器所装的饮料可能一样多。在他们的头脑中，红杯子里的果汁和蓝杯子里的果汁也是不一样的，因为它们看上去完全不同！根本就不是一样的果汁！你要想让学龄前的孩子学会关于体积、尺寸和可转移性之类的抽象概念，得花上好几年的时间在洗澡时陪他玩水，反反复复把水从一个容器倒入另一个容器。在我们看来，孩子纯粹是因为一只杯子而无理取闹，但从孩子的视角来看，你就是在逼他喝一杯完全不同的果汁。你们的视角和观念天差地别。

成年人拥有发育完善的额叶，所以能够评估风险，做出精准的预测，但孩子不能，他们只是全身心地投入每时每刻的活动中，然而在面对不可预料的困难和难以承受的失望时，他们又十分脆弱。对于孩子来说，玩耍才是真正重要的事情，因为有强烈的内在冲动驱使着他们去玩耍。孩子通过玩耍来满足其成长发育的需求——学步期的幼儿通过旋转物体角度去填充坑洞来学习空间技能；10 岁的孩子将通过玩耍学会怎样得到他人的喜爱、怎样与别人相处融洽。所以，如果你的学步期小孩无法找到与坑洞形状相匹配的那个方块，或者 10岁出头的孩子没有得到派对邀请，这些事情对他们的情绪影响真的很大。他们会对这些事情产生强烈的、真实的情绪反应，尽管在我们看来简直是荒唐可笑的，或者根本就是错误的。我儿子 7 岁的时候就曾经真真实实、彻彻底底地心碎过一次，因为他没能在游乐场赢到那个巨大的穿方形裤子的海绵宝宝。他实在太想要那个海绵宝宝了，哭了整整两个小时（一点也不夸张），然后坚决要求第二天再去试一次。好吧，第二天他还是没能用球击倒那 3 个小罐子（尽管我一再警告他，机会实在渺茫，而且这很可能是人为操控的骗人的小把戏），于是他又彻底心碎了一回。在我看来，那只是个大个儿的玩具而已，但对他来说却是全世界最最重要的东西。

帮助孩子管理情绪

当然，作为拥有效率思维、把解决问题放在首要位置的成年人，我们总会忍不住去帮忙，尽力抚平孩子所受的伤害、减轻他们的痛苦，比如贿赂一下游乐场的摊主，让他给儿子一个海绵宝宝（我真试了，结果摊主不愿意），或者给过生日的女孩的妈妈打个电话，拜托她邀请孩子去参加派对。但其实我们这样做，对孩子一点好处也没有。因为孩子正是通过体验重大感受、寻找恢复平静的途径来发展自己的能力。通过这些富有挑战性的情感体验，孩子将学会如何调节情绪，从而降低自身一触即发的情绪反应。如果妈妈或爸爸总是伸手去"拯救"他们，他们就无法学会如何让自己的情绪保持弹性。

情绪弹性有点像泡沫球而不是鸡蛋。鸡蛋掉在地板上会碎，而球却会反弹。球面上可能会留下划痕，但它不会破碎。拥有情绪弹性，并不意味着你的孩子将不会再有重大的或不好的感受，而是他们会认识到这些感受本身是怎么回事，并拥有摆脱这些感受的能力。父母的职责，不是避免让孩子遭遇情绪的"巨浪"，而是教会他们如何"冲浪"。

在工作中，我们习惯了非常明确的职责界定，了解公司期待我们有哪些"输入"和"输出"。在最好的公司/组织中，我们对自己和同事们的总体目标一清二楚。但是在家里，事情就比较模糊不清了。我们经常将"我希望我的孩子幸福"和"我的职责是让孩子幸福"混为一谈，并将孩子的每一滴眼泪、每一丝烦恼都视为己任（或陷入自责）。但是，你的职责不是让孩子感到幸福，不是代劳一切，而是努力给孩子创造条件，让他们掌握创造幸福的技能。帮助孩子学会自己保持平静和恢复平静，才是你应当做的。

父母要帮助孩子管理情绪，最好的方式不是直接去干涉事情本身，而是认同他们的感受，并给这种感受命名。如果孩子正在闹情绪，你要停下手边的事，认真听他倾诉烦恼，然后给你辨识出来的情绪一个名称："我能看出你真的很'失望'，因为你没有赢到海绵宝宝。我知道你特别想要那个玩具，你觉得自己这么努力了却得不到，实在很不公平。"这样说，情况本身不会改变，但是给那种感受一个名称（和一个拥抱），那种感受顿时就变得不再难以忍受了。任何情绪只要有了名字，人们就可以加以认知和讨论，并最终摆脱它，使自己恢复平静。

"但是，如果情绪导致他们用玩具锤子去攻击小妹妹，怎么办呢？"是的，照顾幼儿的最大挑战之一，就是他们经常用令人难以容忍的方式去表达愤怒或类似的情绪，比如，站在礼品商店门前大喊大叫、胡打乱敲、大发脾气，弄得父母无比难堪。没有一个孩子会走到父母身边平静地说："妈妈，我现在感觉很生气！"他们会用行动来表达，而这些行动在父母眼中简直堪称野蛮。孩子不是天生就懂得如何控制情绪的。（学步期的小孩连肢体都控制不好，更别指望他们控制情绪了！）但是，孩子用错误的方式表达情绪，并不意味着他们的情绪本身是错误的。感受就是感受，如此而已。我们无法阻止自己拥有怎样的感受，但我们可以学会如何恰当地表达这些感受。如果你的孩子因为愤怒而做出不可接受的行为，你要做的仍然是：给你看到的情绪命名，同时引导他们运用恰当的方式管理或表达那种感受。例如："我能看出你很'生气'，因为妹妹把你的玩具弄坏了，但是扔东西打人是不对的，去找个安全的地方冷静一下，等你可以平静地说话了，再来告诉我怎么回事。"

给孩子的情绪找到一个名称，可以帮助他们感受到自己的情绪已经得到了父母的关注。

情绪是渴求关注的——它们无比急切地想要被注意。如果没有人承认它们的存在，它们就会一直变着花样折腾，非得见光不可。如果孩子感受不到内在情绪得到了关注，他们就会让行为不断升级——哭泣变成号哭，号哭变成胡打乱撞，一切都只是为了把无人听见的情绪传达出来。孩子的脾气升级，通常是因为父母只关注了他们的行为本身，而没有关注和认可这种行为的情感根源。相比之下，如果大人保持平静，同时让孩子感受到了父母的理解，他们高涨的负面情绪就会开始"退潮"。

在重要时刻学会倾听

上班的时候，一旦有重要事件发生，我们会像刮起旋风一般立即投入行动——召开紧急会议、制订行动计划、召开新闻发布会……但是当孩子的世界里发生了真正重要的事件，令他们感受到真正痛苦的情绪时，他们最不需要的就是父母如旋风般的行动。但许多父母很难克制自己不行动，因为父母恰恰在这样的时刻最难保持冷静，而不被孩子大起大落的情绪裹胁。

　　有一个事实，我知道父母连想都不愿意想：孩子的一生是会遭遇困难的。所有的孩子都会面临各种挑战，并感受到伤害——无论是失去亲人，被人欺负，还是自己非常重视的某件事没能成功。我们绝大多数人都希望能与孩子建立亲密无间的关系，让孩子做到对父母无话不谈。然而，孩子却并不愿意把某些重要的事情告诉父母，其主要原因就是害怕父母会反应过度。他们是对的。很多时候，当孩子处于艰难处境时，父母都是即刻反应，而不是耐心倾听。我们总是试图尽快用安慰或开导的方式帮孩子消除痛苦；或者我们内心的"猛虎"会立马跳起来保卫幼崽，于是我们会给校长或班主任发一封极不明智的电子邮件，或力求对某事进行纠正。要不然，我们就会责备孩子为什么要搞出这么多麻烦，训导他们应该做什么，不应该做什么，应该有什么感受，不应该有什么感受。

　　孩子真正需要的，是父母在他们困难的时刻带来平静的力量（而不是父母的怒火，或父母自身的情绪包袱）。要做到这一点，我们必须完全彻底地让自己切换到亲子模式，设身处地理解孩子的困境，带着真正的共情耐心聆听孩子的倾诉。

　　倾听是亲子模式最好的表现形式。它与要求快速思考、以目标为核心的效率思维（只在工作中极其有用）截然相反。倾听要求你少做事而不是多做事，要你保持安静而不是急于行动。你只须完全关注当下这一刻，将判断和反应暂且搁在一边，耐心倾听孩子的诉说，并发出信号表示你听到了他们说的话。要给孩子留出时间，等待他们寻找合适的词语，并把你听到的东西反馈给他们，同时承认他们有这样的感受是非常合理的（即使你并不赞同）。你只要保持耐心，让问题完全显现出来，这个困难时刻的倾听就已经能让你的孩子安心：不管遇到的问题有多严重，妈妈或爸爸并没有恐慌，所以它一定是能够被解决的（即使我以前从未遇到过这样的情况）。这样做也能让孩子明白：妈妈或爸爸能够理解这种感受，所以它必然是可以克服的（即使我以前从未有过这样的感受）。同时，孩子也会相信：我一定能够做点什么，让事情有所改变（即使我以前从未尝试过）。

所以，当困难来临，孩子十分烦恼或找你诉苦时，你一定要保持安静，不要急于提出建议。闭紧你的嘴巴，静静地倾听。在孩子暂时停顿时，你可以简短总结一下你听到的内容和你所理解的感受，反馈给孩子。

家长：嗯，我听出来了，你很失望，因为他们没选中你去演那部戏。这确实太令人难过了，我知道你特别想参演那部戏。

对孩子来说，有个人陪着他，这个人理解他的感受，并且没有陷在情绪中，会让他顿时感到这种内在情绪是可以忍受的，所以他也有了摆脱情绪、恢复平静的希望。如果你知道某种感受终究会过去，那么暂时有这种感受并没有什么问题。父母给孩子的情绪找一个名称，并简单地把听到的内容反馈给孩子，有助于孩子感觉自己得到了别人的理解。如果你理解的内容不对，这也给了孩子一个机会继续解释，直到你真正理解为止。

孩子：我不是失望，我是感到太丢人了。我在试镜的时候表现得太差了。我不想再去那儿了，下周我不去了。除了我，别人全都选上了。

在孩子遇到困难的时刻聆听他的倾诉，目的就是让孩子感到他得到了别人的理解。父母要做的，不是对孩子施加影响或给他指明前进的方向，而是向孩子发出信号，让他明白，爸爸或妈妈了解他的处境——这是最最重要的事。共情的倾听是一种接纳，是承认孩子正在经历的情绪完全真实而且正常。这将给孩子建立一个情感空间，让他相信把任何事情说给父母听都是"安全"的，无论这件事多么艰难——因为他确信自己得到的将是支持而不是批评。

家长：嗯，确实挺难受的。重要的事情出了差错，还有人在旁边看着你，实在太让人心烦了。

即使孩子倾诉的难过的经历让你感到他完全不该这样想，或者他夸大其词了，你也尽力不要藐视他们的感受。不要用"应该"或"不应该"这样的词（"你不应该感觉不好啊，你上学期不是已经参演了吗？我打赌，昨天过得很糟糕的绝对不止你一个人。"）。你告诉孩子他的情绪反应是"错误的"，非但不能让他感受到被理解，还会适得其反。孩子有孩子自己的感受，父母的任务是认同他们切实的感受，并帮他找到一个合适的方法来积极正面地管理这些感受。面对同样的情况，其他人（父母或别的小孩）的感受可能会与他的不同，这是事实，但与你如何帮助孩子渡过难关没什么关系。

你要抵制住诱惑，不要掉进以解决问题为核心的工作模式。共情的倾听不要求你做任何事情，只要陪在孩子身边就好。等孩子的情绪平静下来，你就可以分步骤地引导他寻找解决方案："现在你选择做什么呢？"让他自己想主意，并帮他分析每个主意会带来什么样的后果："如果你那么做的话，会发生什么呢？"你不一定要同意他的主意。你有权发表自己的看法，认为他应该或不应该那么做（但不是他应该或不应该那么想——因为感觉不是他自己能控制的）。

　　家长：我觉得你去做幕后的工作人员比离开那部戏更好。我知道你现在很失望，但幕后工作可能也很好玩呢！不过一切由你自己做主。这样吧，你先想一想再做决定，好不好？

　　当然，不是每个问题都有解决方案。家庭和工作不一样，有时你确实什么也做不了。我们能做的，就是帮助孩子找到积极的应对方式。你可以问孩子一些问题，比如"你能做点什么让自己高兴起来呢？"或者"你能不能想到一些事情，让自己高兴一点呢？"如果我们能在孩子艰难的时刻带给他们平静，而不是采取行动，虽然这对事情本身无法弥补，但是孩子将从中学到表达情绪和管理情绪的能力，而这些则是在此后人生中帮助他们摆脱困境、恢复状态的有力武器。

当孩子的情绪触发我们的情绪时

　　当然，要想让大人安抚孩子的情绪，还有一个前提，就是大人对自己的情绪至少得有一定的控制能力。然而，这种能力并不是人类天生就有的。为人父母的过程伴随着一种热烈的情感，既伤感又美丽：当你静静凝视着熟睡的孩子，心中洋溢着纯洁的爱意；当孩子第一次在学校参加戏剧演出，你看着他们在舞台上咕咕哝哝说台词，不禁热泪盈眶；当你以为孩子在某处却发现他们不在时，顿时心中一阵恐慌；当有人/物威胁到你的孩子时，你像发怒的雄狮/雌狮般发出愤怒的咆哮……成为父母后，我们的情绪与心灵深处的某个角落联系了起来——那里充满了需要、恐惧、希望和伤害。我们对孩子如此小心在意，责任感如此强烈，以至于自己也变得十分脆弱。在这种情况下，控制情绪就变得不那么容易了。

父母有时也需要情绪弹性，职场父母尤其如此。父母增强情绪弹性最好的方式之一，是保持牢固的联结（与子女之外的其他人）。花些时间与你喜欢和看重的人（无论是朋友还是家人）相处，你也许就不会把每件事情都弄得一塌糊涂了。在你感到所有事情都乱七八糟，需要找人吐槽时，要找那些会真正耐心倾听你说话的人。事实证明，参与有重大意义的活动（无论是体育团队、社会团体、事业或信仰），也是增加情绪弹性的重要来源，这对于孤独感带来的情感失落是一剂很好的解药。还有一个办法可以充实自己的情感资源库——记得把每天的日常行动进行优先排序，把那些能增进健康、滋养心灵的行为放在重要位置，比如健康饮食、定期锻炼和保证充足的睡眠。

但是，如果你发现自己尽了最大努力，情绪依然大起大落，特别不稳定，或者容易因孩子的情绪起伏而引发自身的情绪波动，那你就要后退一步，仔细探究原因何在。孩子的情感世界里究竟有些什么，竟能如此轻易"引爆"你的情绪？通过探询引起巨大情绪反应的深层原因，我们可以与那些念头"沟通"，从而远离那些反应，并找出另一条路径。

> **思维小贴士：**
>
> 你会采用什么样的方法来管理自己的情绪波动？你会使用深呼吸这样的放松方法吗？还是努力让自己想想别的，以便转移注意力呢？你有没有使用积极的自我交谈来告诉自己"一切都会变好的"？你有没有出去散个步，同时把所有的方法都用上呢？你的孩子会用哪些方法去安抚他们自己的情绪？

造成父母情绪失控的原因有很多。有时是由于总想"正确"育儿，因而产生焦虑感。职场父母在这一点上特别脆弱，因为总是担心与孩子在一起的时间不够。既要育儿又要上班，那种感觉很像背着极其沉重的包袱跑马拉松。而且，我们还会每天"拣"起一些东西——不是父母必须担心的这样那样的事情，就是父母必须不能对/为孩子做的某些事情。当我们被这些恐惧和担忧弄得心烦意乱时，就很容易掉进育儿陷阱，开始对每个细节过分操心。我们会盯着孩子生活中的细枝末节不放，却看不到更大的愿景。（"如果我能牢牢抓住每个细节，正确对待每件事情，就一定能把父母需要做的所有事情做好。"）我们对每个风险都思虑过度，在每个关口都冲过去替孩子缓冲、安排和弥补。然而做得太多，只会错过真正的重点。诚然，每件事都很重要，然而我们事事关心，就意味着每件事都有可能把我们推到情绪失控的边缘。

或许你是因为掉进了另一个典型的效率思维陷阱——关注效益指标，才会产生如此强烈的情绪反应。作为父母，你的情绪不稳定，会不会是因为你对孩子的成绩关心得有点过分了呢？如果你是高度关注孩子成绩的事业型父母，那么很可能你的自尊心过分依赖成就感。在这种情况下，你会很容易把孩子在学习/体育/音乐方面取得的成绩看得过重。也许你已经掉进了一个陷阱——只有孩子取得了成就，才能证明父母的价值。如果是这样，一旦有任何事情威胁到孩子的成功，就相当于按下了你的"恐慌"按钮，于是你会把孩子的每一次失败都看成是针对你个人的打击。

这些问题都不太好回答。也许你会发现，上面所有这些阐述，似乎都有点儿说中了你的情况。但是，只要你用（哪怕一丁点儿）"我是个好父母"的这种感觉作为情感支撑，让自己觉得"我是个好人"，那么一旦你认为自己正在当一个"坏父母"，你就会顿感自己像个"坏人"。对你来说，"我是好人"和"我是坏人"之间，只有一根头发丝的距离。

驾驭情绪，意味着你要接受一个至关重要但确实令人不爽的真相：你的孩子是一个独立的个体，你可以对他产生某些影响，但不能控制他。孩子不是父母所有努力的总和，父母也不是孩子所有成就的总和。你不能一直往自己的育儿重担上不停地加码，那样只会让你累倒在地。在职场父母的这场远程"赛跑"中，你唯一有把握赢的方式，就是减轻负担，关注真正有意义和有可能做到的事情。而这意味着父母要接受一点：亲子关系不是孩子生命的全部——父母只是孩子生命中的一部分而已。

也许，想通了这一点，你就真的解放了。

> **行动小贴士：**
>
> 和孩子聊聊人的情感和意图方面的话题，帮助孩子建立情感素养。和孩子一起读书时，问问他们对书中的角色感觉如何，或者为什么他们会那样行事。鼓励孩子思考，他们处于同样情形下会有什么样的感受、将会如何行事。

● 第 14 章 ●

摆脱自责

　　我可以给你打个包票，如果你能做到本书讲述的所有内容，你和你的孩子就能百分百的幸福。我也可以送你一个秘密"配方"，它会告诉你工作几小时最理想，最有助于实现工作与生活的完美平衡。我非常乐意宣布，只要你每周有 3 个晚上在 7 点钟之前到家，你就会百事顺心，皆大欢喜。但所有这些，我统统都做不到。世界上没有可以绝对保证你的孩子成功与幸福的公式。（要是有人告诉你他找到了这个公式，别信他的鬼话。）孩子的生活并不仅仅由亲子关系决定。一个孩子即使拥有了伟大的父爱母爱，仍然会遭遇其他困难。

　　当然，这并不是说，人们无从把握积极的育儿策略（当然能够把握），更不是说亲子教育不重要（恰恰相反，它至关重要）。但是，相信父母可以控制孩子的一切成败，却纯属凭空臆想。这种想法会给父母带来巨大的压力，会要求他们在每件事上都做到"正确"："如果我能把所有事情都做对，把我在育儿手册里读到的所有内容都'兑现'，打好所有基础，我就能让孩子获得幸福和成功。"不，事情没有这么简单。如果你掉进了这个思维陷阱（相信孩子的未来完全由父母决定）那你就等着被自责与愧疚纠缠吧——无论何时，只要事情有一点点不完美（蹒跚学步的小孩咬了另一个小孩一口；孩子在阅读方面落后了；10 岁出头的女儿说她恨自己……），你都会不由自主地归咎于自己："这一定是我的错。"

在工作中，我们都习惯了控制一切可控因素，预估项目成功的概率，并按照既定计划行事。我们会设置目标、跟踪关键绩效指数、进行年度考核。但是育儿与工作有着本质的区别，没有人会给我们一个现成的计划，没有操作指南能说明我们怀里的这个孩子是怎么"运转"的，而且我们也无法把育儿绘制成图表。在育儿这件事上，父母不像现代社会的工作者，更像中世纪种植庄稼的农民——我们提供植物生长所需的一切条件，让它们茁壮成长，并在季节变化时小心呵护，但我们终究无法控制天上的云。而且，最后的收成如何，很大程度上取决于天气。

如果我们总是追求确定性，那么养育孩子的确是一件令人感到十分麻烦的事情。孩子是我们在这世界上最关爱的人，然而，在任何时候，究竟怎么做才是正确的，我们永远没有十足的把握。育儿不是一门科学，而是全凭判断力做出的一系列决定。要在这种不确定性中找到幸福，意味着我们必须放弃指责，接受一个事实：我们只是孩子生命中的一部分。

我们没有自己想得那样重要

现代的父母总爱把自己想得特别重要，一心以为自己对孩子的生活起着决定性的作用。当孩子得到"本周最佳演员"奖时，我们会赶紧在社交媒体上发帖子，让所有的朋友都看见："瞧！我的孩子表现多好！我在育儿方面多么成功！"我儿子在学校当上了学生会副主席时，所有的朋友都来夸我，说我这个当妈的功劳太大了！可是在我小儿子没考上大学时，虽然没有哪个朋友明着说我有责任，但我自己却总也忍不住往这方面想。这是因为，既然人们可以为子女的成功而赞美父母，那么当事情不如人意时，自然也就可以指责父母（父母也会因此自责）。

这种对父母"归功/归责"的思维方式，其实是把父母想得比实际上重要太多。它假设了两个条件：一是我们能够自由选择怎么当父母；二是孩子的成功与否完全是由外部环境造就的。然而，这种假设忽略了一点：孩子是他们自身诸多独特变量的混合"产物"。

别误会我的意思，我可从来没有忽悠过你——人们通过高质量的研究已经得出极其一致的证据，表明某些育儿方式和策略的确会带来良好的育儿结果。但同样也有证据表明，遗传因素会使人天生带有某些个性特征，这对孩子的身心健康也是有影响的。然而人们一旦选定了伴侣，基因遗传也就确定了，育儿就只是"拼图游戏"中的一块而已。

事实上，育儿本身也不是可以自由选择的活动，父母其实并不能真正控制全部。我们如何育儿会受到种种因素的影响，包括我们自己的个人经历、所处的环境，以及孩子的回应。育儿并不是父母主动做、孩子只能被动接受的单向程序，而是一种双向的关系。育儿不是需要父母去"做"的某件事情，这样理解可能更准确：育儿是一种交互的、相互影响的动态模式，父母和孩子双方都在发挥影响力。例如，孩子如果更听话、更自觉，往往会让父母的热情更高。相反，不怎么听话的孩子，就会让父母在育儿方面的压力更大。（养育脾气好、肯努力的孩子真的轻松多了！）孩子天生的脾气会影响父母的育儿方式，而父母的育儿方式也会影响孩子的行为表现和情绪表达方式。

我们如果相信父母是孩子生活的全部、对孩子的未来有决定性的意义，非但不能使我们在育儿方面进行良好决策，反而会让我们更辛苦，使我们要么选择逃避，要么选择采用毫无益处的方式来对付内心的愧疚感与自责（感觉是自己把事情搞砸了）。愧疚感和自责是很难承受的心理负担。作为职场父母，如果我们要追求幸福，就必须接受这一点：怀疑、失败和不确定性，是育儿过程中不可避免的。我们无法控制结果。我们必须原谅自己（和孩子）的不完美，并学会接纳生活的不确定性和不完美，不要受其影响而偏离正轨。

做到"足够好"，就够了

世上本无完美的父母，如果有父母把"完美"当成目标，那不仅对父母本人来说十分残酷，对孩子来说也十分糟糕。孩子需要父母"足够好"——不多，也不少。"足够好"就是恰恰好。你我都心知肚明，即使你通读了这本书，并对自己承诺，从现在开始，你要做一个平静的、始终如一的、富有童心的父母，你仍然会在火冒三丈时把我说的一切忘光。一个星期过后，你会发现自己又在说教、怒吼，或者忘记倾听孩子说话，或者又回到了效率思维模式。最后你终于忍不住举手投降，宣布放弃，还下结论说自己就是个废物，或者对这本书嗤之以鼻。

在育儿方面，要把每件事都做得正确，是不可能的。最成功的育儿也无法让孩子对坏的结果完全免疫。生活没有那么简单，孩子也没有那么简单。育儿是个"数字游戏"：我们只能碰运气、赌胜算。良好的育儿方式会增加孩子顺利成长、良好发展的机会，但这也只是诸多影响因素之一而已。孩子究竟能做到多好，还要看生活发到他们手中的"牌"怎么样。天分、性格、健康状况、童年的成长经历，所有这一切都会对他们的生命走向起到一定的作用，而不单单由亲子教育决定。

不仅如此，如果我们采用项目经理的方法去育儿，并认为父母的努力对于孩子的成功起着决定性作用，那就是在冒险——我们可能错失孩子作为独一无二的个体在父母无法预测、无法控制的成长与变化过程中呈现出来的真实的美。由于我们总是在努力修正结果，并且过于用力去克服父母内心时常存在的恐惧，我们很可能错失许多神奇美妙的时刻。所以你不能把育儿当成项目来完成。育儿是生命相互偎依、共同成长的过程——生活中会有复杂、纷乱、不公平，会有意外发生，家人共处时既有美好的时光，也有糟糕的时刻。

要成为真正有弹性的父母，你必须停止责怪（自己、伴侣和孩子），安心去做到"足够好"。

"足够好"的意思，是给孩子提供一个充满爱和支持的环境，而不是努力满足孩子的每个需求或者对孩子过分关注。"足够好"意味着让孩子以自己能够驾驭的方式面对失败，从而通过学习变得更能干，有朝一日能独立去"乘风破浪"。"足够好"还意味着父母不会一直保护着孩子，而是任由他们跌倒（在较小的事情上），经受挫折后得到成长，自己站稳脚跟。"足够好"意味着你绝大多数情况下做得正确，但有时也会犯错。"足够好"意味着你对孩子有充分的爱，能放手让他们成为自己，而不把他们视为私有财产，任意塑造。同样，你也不会把孩子的成就视为父母成功的标志，来支撑父母的自尊心。

父母其实并不能控制孩子的童年历程，父母唯一能做的是施加一些影响。如果我们认为自己能控制孩子的童年，一旦生活中有出乎意料的事情发生，给自己来点儿出其不意的打击，我们就很有可能被击倒，或者陷入自责当中。你的孩子会经历伤害、失望、疾病和挫折。他们不会按照你的想法长大，变成你想象中的那种年轻人。他们不会按照你的愿望去做所有的选择。他们也许会被心理疾病、成瘾或经济困难弄得伤痕累累，而你完全无能为力。他们的心会破碎（也会疼痛）。他们最终会活成什么样子，是一个尚未写出的"故事"，而你并不是唯一的"执笔人"。

请爱你的孩子吧，但不要过于投入。不要自高自大，过度夸大父母的重要性，或把孩子取得的成果当成判断自己成败的依据。你必须照顾好自己，保持弹性（像你的孩子那样），才能随时迎接生活带给你的一切。不管发生什么，不管你的孩子最终将成为什么样子，你必须一次又一次地站起来，继续努力与孩子联结，享受与他们相处的时刻。我理解你的想法，孩子是你在这世界上最珍爱的人，所以你想替他们处理好每件事，但是你做不到。"足够好"的父母知道自己只能一边前行一边完善，而这才是育儿过程得以完成的唯一方式。"足够好"的父母要学会在永远不知道自己的决定或言语是否正确的情况下，依然保持放松的心态。"足够好"的父母内心很清楚，他们无法控制自己的孩子变成什么样子，或将遭遇什么，但他们会一直与孩子并肩前行。

因为，归根结底，作为父母，只要你内心充满爱，不断努力尝试，勇于接纳并改正自己的错误，同时能在对孩子怀有爱与真正的好奇心（他们将来是什么样的，将会变成什么样）的基础上，与孩子建立亲密关系，你就绝对是最好的父母。当然，任何人都可以做到这点（而这比孩子是否记得带运动装备包要重要得多）。

多年以来，我在咨询工作中服务过的许多父母，都曾带给我深深的鼓舞与感动——他们的故事和努力已渗透到这本书的每一页。我们对子女视若珍宝，所以一旦事情出了岔子，伤害和焦虑简直难以承受，而我感到非常幸运的是，有如此多的父母向我敞开他们的心扉，对我说出他们最真实的想法和情感。正是通过这些实实在在的生活经历，我才领悟到什么才是改变现实的关键。

本书提到的许多小技巧都是从其他的父母、相关专业人士，以及从事家庭支持服务的同事那里得来的，还有一些是我在积极育儿项目（Triple P®）培训过程中用到的。我十分喜欢那样的培训过程——孩子们能做到的事情，以及父母的精彩回应（和奇妙的扭曲动作），总令人惊喜连连。

感谢博客"动脑育儿"（Thinking Parenting）的所有粉丝，谢谢你们喜欢我并鼓励我撰写这本书。看到你们说期待阅读这本书时，我内心的感动真的是无以言表！感谢我的经纪人安娜·帕沃尔（Anna Power），谢谢你对我的信任。感谢我的先生伊凡·帕尔默（Ivan Palmer），我要给他最高的赞誉，因为无论我做什么，他都给予百分百的支持。

当然，我也要感谢我的孩子们，他们不仅是世界上最棒的孩子（也是使我骄傲和惊奇的不竭之源），还帮助我亲身体验了现代父母需要经历的绝大多数挑战。做他们的妈妈让我在各个方面都发展了超出自我预期的能力。正是对他们的爱，造就了如今的我。